Amy Butler

Nähen für die Kleinsten

20 Lieblingsstücke für Babys und Kleinkinder

Knaur

Amy Butler

Nähen für die Kleinsten

20 Lieblingsstücke für Babys und Kleinkinder

Bibliografische Information: Deutsche Nationalbibliothek
Die Deutsche Nationalbibliothek verzeichnet diese Publikation in der Deutschen Nationalbibliografie; detaillierte bibliografische Daten sind im Internet über http://dnb.d-nb.de abrufbar.

Wichtiger Hinweis
Die im Buch veröffentlichten Ratschläge wurden von Verfasserin und Verlag mit größter Sorgfalt erarbeitet und geprüft. Eine Garantie kann jedoch nicht übernommen werden. Ebenso ist eine Haftung der Verfasserin bzw. des Verlages und seiner Beauftragten für Personen-, Sach- oder Vermögensschäden ausgeschlossen.

Published by Chronicle Books LLC
680 Second Street
San Francisco, California 94107
www.chroniclebooks.com

Titel der englischsprachigen Originalausgabe:
Amy Butler´s Little Stitches For Little Ones

Umschlaglayout und -gestaltung: Dorothee Griesbeck, München

Projektleitung: Annett Katrin Graf
Übersetzung: Wiebke Krabbe, Damlos
Redaktion: Hildegard Toma, Pullach
Satz: Vornehm, München
Herstellung: Veronika Preisler

ISBN 978-3-426-64761-5

Printed in China
5 4 3 2 1

Dank

Ich möchte dieses Buch allen widmen, die gern nähen. Ohne eure Begeisterung und Kreativität wäre die Schneiderei heute nicht so lebendig.

Vielen Dank an alle, die zu diesem Buch beigetragen haben und ohne die dieses kreative Abenteuer nicht gelungen wäre.

Besonderen Dank an Dianne Barcus, Kim Ventura und Jake Redinger für euren Einsatz, euren Einfallsreichtum und eure Unterstützung beim Schreiben der Anleitungen und Erklärungen zu den Projekten. Die Arbeit mit euch war großartig und ich bin von eurem Talent und Können beeindruckt. Meinem Mann David danke ich dafür, dass er immer so gut zu mir ist und mir beim Schreiben dieses Buches geholfen hat. Diane Capaci dafür, dass sie den Atelierbetrieb in Gang gehalten hat. Colin McGuire für seine schönen, feinfühligen Fotos und Anita für ihre hilfreiche Unterstützung. Natalie Marotta für ihr unglaubliches Vorstellungsvermögen und Styling. Anna Aschenbeck für die Mitarbeit bei der Erstellung der Schnittmuster. Sarah Amrhein und Joyce Robertson von Westminster Fibers für die großzügige Bereitstellung von Stoffen. Rolando Berdion von Pellon für die zuverlässige Versorgung mit bedruckbaren Stoffen und Einlagematerialien. Janome Corporation für die unglaublichen Nähmaschinen. Coats & Clark für Kurzwaren und Garne. Catherine Hurlbut von Fairfield für Watten- und Füllmaterialien. Caroline und Marc für ihre unerschütterliche Zuversicht. Sara Lorimer und Laurel Leigh für das Lektorat unserer Anleitungen. Ayako Akazawa für ihre Beratung, Kate Prouty für ihre Energie, Unterstützung und Geduld. Und Jodi Warshaw für ihre Teamführung, ihre Begeisterung und Ermutigung. Es war ein Vergnügen, mit euch zu arbeiten.

Inhalt

(SCHWIERIGKEITSGRAD: 1 = EINFACH; 5 = ANSPRUCHSVOLL)

vorwort

Es ist wunderschön, wenn die Augen eines Babys beim Anblick vertrauter Personen oder Gegenstände zu strahlen beginnen. Auf die Idee für dieses Buch kam ich, weil es mir so viel Freude macht, ganz spezielle Geschenke für die Kleinsten in meiner Umgebung zu entwerfen. Schließlich sind doch diejenigen Dinge besonders wertvoll, die uns mit lieben Menschen verbinden. Mit jedem einzelnen Projekt in diesem Buch möchte ich Sie ermutigen, ein »modernes Erbstück« zu schaffen, das in unsere Zeit passt und trotzdem an folgende Generationen weitergegeben werden kann.

Moden kommen und gehen, doch die Kunst des Nähens ist unabhängig von Trends. Wenn Sie selbst nähen, schaffen Sie etwas, das nicht nur praktisch ist, sondern auch etwas von Ihnen erzählt: von Begeisterung, Stil und Zuneigung. Das hat Ware von der Stange nicht zu bieten. Ein einzigartiges Spielzeug, genäht aus einem schönen Baumwollstoff, hat für seinen kleinen Besitzer besonderen Wert und wird mit dem Gebrauch nur schöner. Kleine Flecken und Spuren, die sich mit der Zeit einstellen, erzählen die Geschichte weiter, die Sie einmal an der Nähmaschine begonnen haben.

Die Projekte in diesem Buch sind für Babys in den ersten zwölf Lebensmonaten konzipiert. Für jeden Winzling ist etwas dabei: eine kuschelige Decke, ein Schlafanzug, weiche Schuhe und Mützen, eine Wickeltasche, fantasievolles Spielzeug und sogar ein Fotoalbum mit Stoffumschlag.

Ob Sie Näh-Anfängerin sind oder schon mehr Erfahrung besitzen, Sie werden hier Modelle finden, die Ihnen leicht gelingen. Zu jedem Projekt ist der Schwierigkeitsgrad angegeben (von 1 = einfach bis 5 = anspruchsvoll), aber alle sind mit etwas Zeit und Sorgfalt problemlos zu bewältigen.

Vor allem Anfängerinnen rate ich dazu, das Kapitel »Wissenswertes« (ab Seite 9) zu lesen. Dort finden Sie praktische Tipps zu Material und Werkzeug, Stoffen und Maßen. Weitere Informationen, teilweise mit illustrierten Anleitungen, lesen Sie im Kapitel »Glossar und Techniken« (ab Seite 169).

Nähen für die Kleinsten ist ein Buch für moderne Frauen, die gern ganz individuelle, liebevolle Unikate schaffen möchten – echte Schätze zum Kuscheln, Einschlafen, Spielen und – ja – Herumkauen, die sich über Generationen ihre Schönheit bewahren. Mit jedem selbstgemachten Stück drücken Sie auch Ihre eigene Persönlichkeit aus, ganz im Sinne meines Mottos:

Nützliches kann schön sein.
Behagliches kann modisch sein.
Handgemachtes ist am Schönsten!

Viel Spaß!
—Amy

Kapitel: 1

Wissenswertes

Wenn ein Baby die ersten wackeligen Schritte unternimmt, dauert es nicht lange, bis es sicher laufen kann. Auch beim Nähen fangen wir mit kleinen Babyschritten an.

In diesem Kapitel erfahren Sie, was Sie vor dem Nähen wissen sollten (damit Ihr Werk fertig wird, bevor der Träger wegläuft oder herausgewachsen ist). Hier geht es um die Grundlagen, von der Auswahl der Stoffe über das Maßnehmen bis zu den geeigneten Werkzeugen und sonstigen Materialien. Mit etwas Geduld und Übung – und jeder Menge Spaß – werden Sie schon bald sicher und erfolgreich nähen können.

STOFFE

Die Auswahl von Stoffen für Babys muss gut durchdacht sein. Das wichtigste Kriterium ist das Wohlbehagen des Kleinen. Achten Sie auf Strapazierfähigkeit, Sicherheit und den »Superweich-Faktor«, wie ich ihn nenne. Verarbeiten Sie Stoffe, die Kinder (und Eltern) lieben werden.

Verwenden Sie möglichst neue Stoffe, denn schließlich sollen Ihre Werke an Geschwister oder sogar folgende Generationen weitervererbt werden. Stoffgeschäfte und Läden für Quilt-Zubehör bieten eine große Auswahl, weitere nützliche Adressen finden Sie im Anhang dieses Buches (ab Seite 175). Natürlich können Sie auch Bettwäsche oder Tischdecken kaufen und als »Rohmaterial« verwenden. Ich kombiniere besonders gern nostalgische und moderne Muster.

Für die Kleidungsstücke, Spielzeuge und Accessoires in diesem Buch empfehle ich Konfektions- oder Quiltstoffe mittlerer Stärke. Weicher Flanell und Fleece eignen sich für kuschelige Decken. Grundsätzlich sollten Sie für Babys Stoffe aus Naturfasern bevorzugen. Synthetics, die nicht atmen, oder Wolle, die auf zarter Babyhaut kratzen kann, sind keine gute Wahl. Wichtig ist auch, dass sich die Stoffe leicht waschen und trocknen lassen.

Alle Stoffe müssen vor dem Zuschneiden und Nähen gewaschen werden. Nur so können Sie sicher sein, dass das fertige Stück nicht einläuft. Die meisten Baumwoll- und Leinenstoffe sind waschmaschinenfest.

One Yard
bodum

RICHTIG MASSNEHMEN

Mit Hilfe dieser Tabelle finden Sie schnell die richtige Größe. Denken Sie daran, dass Babys schnell wachsen. Wenn Sie langsam nähen oder nur selten Zeit dafür haben, schneidern Sie lieber »auf Zuwachs«. Zum Maßnehmen am Kind verwenden Sie ein weiches Maßband. Die entsprechenden Größen finden Sie in der folgenden Tabelle.

Größentabelle:

Größe (in Monaten)	0–3	3–6	6–9	9–12
Kopf	35 cm	40 cm	45 cm	50 cm
Brust	40 cm	42,5 cm	45 cm	47,5 cm
Bauch	47,5 cm	50 cm	52,5 cm	55 cm
Körperlänge	54 cm	57,5 cm	61 cm	65 cm
Fußlänge	10,5 cm	11 cm	12 cm	12,5 cm

Größe (in Monaten)	0–3	3–6	6–9	9–12
Kurze Hose				
– Seitenlänge	22 cm	22,5 cm	23 cm	24 cm
– Schrittlänge	9 cm	9 cm	9 cm	9 cm
Lange Hose				
– Seitenlänge	27 cm	29 cm	31 cm	33 cm
– Schrittlänge	14,5 cm	15,5 cm	17 cm	18 cm

Maßnehmen an einem Baby:

Kopf: Um die stärkste Stelle des Kopfes messen: oberhalb der Augenbrauen und Ohren um den Hinterkopf herum.

Brust: Direkt unter den Achseln (bei seitwärts ausgestreckten Armen) um Brust und oberen Rücken messen.

Bauch: Um die fülligste Stelle des Bauches herum messen.

Körperlänge: Vom Scheitel bis zu den Fersen messen.

Seitenlänge: Von der Taille oder dem Hosenbund an der Außenseite bis zu den Knöcheln messen.

Schrittlänge: An einer vorhandenen Hose von der Schrittnaht bis zum Saum messen.

Fußlänge: Von der hinteren Ferse bis zur Spitze des großen Zehs messen.

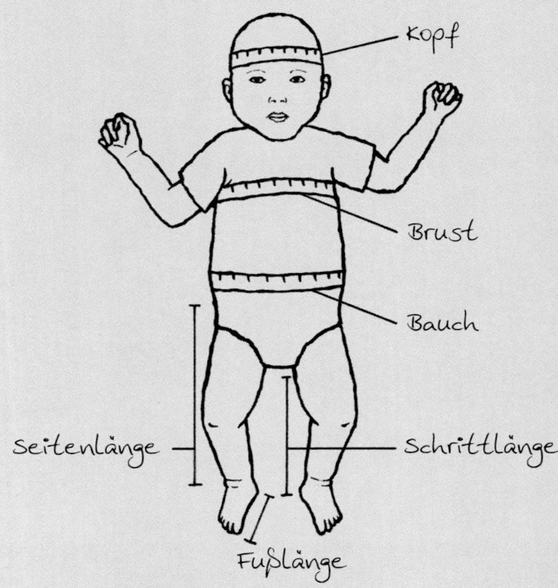

Die wichtigsten Werkzeuge

- Schneiderkreide
- Auswaschbarer Textilstift
- Bügeleisen
- Bügelbrett
- Lineal
- Schere
- Stecknadeln
- Maßband
- Wendehilfe (z. B. eine dicke Stricknadel oder ein Holzstäbchen)

Praktische Tipps

- Bevor Sie ein Projekt beginnen, legen Sie sich alle Werkzeuge bereit (siehe Liste oben).
- Eine Liste der Stoffe für jedes Projekt finden Sie ab Seite 173.
- Fachausdrücke sind bei ihrer ersten Erwähnung mit einem Sternchen (*) gekennzeichnet und im Anhang ab Seite 169 genauer erklärt.
- Alle Stoffe vor der Verarbeitung waschen, trocknen und bügeln.
- Wenn nicht anders angegeben, ist die Nahtzugabe steppfußbreit. (Die steppfußbreite Nahtzugabe ist in allen Zuschnittmaßen bereits eingerechnet.)
- Zum Zuschneiden im Stoffbruch richten Sie den Papierschnitt an der gefalteten Kante des Stoffes aus. Nach dem Zuschneiden wird der Stoff aufgeklappt – er besteht dann aus zwei symmetrischen Teilen.

Are You
My

Kapitel: 2

Warm und gemütlich

* KAPUZENDECKE * BETT-SET MIT TASCHEN * KUSCHELTIERE * KIMONO-PYJAMA

Schöner als in einem kuschelig-weichen Babynest kann man nicht träumen. Zur weichen Kapuzendecke und dem modischen Set fürs Bettchen gibt es freundliche Kuscheltiere und einen Schlafanzug im lässigen Kimono-Stil. Mit dieser Ausstattung – und einem Kuss auf die Stirn – wird jedes Baby gut schlafen.

KAPUZENDECKE ⇒ Anleitung: S. 26

SCHWIERIGKEITSGRAD 2

Fred
and Ted

b.

SCHWIERIGKEITSGRAD 3

BETT-SET MIT TASCHEN ⇛

Anleitung: S. 30

KUSCHELTIERE ⇛

Anleitung: S. 38

KIMONO-PYJAMA ⇛

Anleitung: S.43

SCHWIERIGKEITSGRAD 3

a.

Kapuzendecke

Fertige Größe: 70 x 70 cm (0–3 Monate) oder 80 x 80 cm (3–6 Monate)
Schwierigkeitsgrad: 2

Die gemütliche Decke im modernen Origami-Stil hat eine Kapuze, die Babys Kopf warm hält. Die Decke kann locker oder fester mit einfachen Bindebändern zugebunden werden. Sie ist leicht zu nähen und gut waschbar.

STOFFE

Für Größe 0–3 Monate

* 150 cm (110 cm breit) mittelfester Stoff für Außenseite und Band
* 80 cm (135 cm breit) Fleece für Innenseite und Kapuzenfutter

Für Größe 3–6 Monate

* 160 cm (110 cm breit) mittelfester Stoff für Außenseite und Band
* 1 m (135 cm breit) Fleece für Innenseite und Kapuzenfutter

ZUBEHÖR

* 1 m leichte Vlieseinlage zum Aufbügeln (nach Wunsch, siehe Hinweis unten)
* 1 Rolle passendes Allzweck-Nähgarn
* Frühstücksteller oder Müslischälchen (zum Anzeichnen der Rundung am Rand)

HINWEISE

* Für eine wärmere Winterdecke bügeln Sie auf die Außenseite ein leichtes Vlies, ehe Sie sie an die Innenseite nähen.
* Das Vlies darf beim Zuschneiden und Nähen nicht gedehnt werden.

• SCHRITT 1 •

Alle Teile aus dem Stoff zuschneiden.

Die unten angegebenen Maße auf der rechten Stoffseite anzeichnen. Die Teile entlang der Linien zuschneiden.

a. Aus dem Außenstoff:

Größe 0–3 Monate

– 1 Außenseite, 72,5 x 72,5 cm
– 2 Bänder, je 10 x 56 cm
– 2 kurze Einfassungsstreifen, je 8 x 60,5 cm
– 2 lange Einfassungsstreifen, je 8 x 72,5 cm
– 1 Kapuzen-Außenseite, 29 x 29 cm

Größe 3–6 Monate

– 1 Außenseite, 82,5 x 82,5 cm
– 2 Bänder, je 10 x 56 cm
– 2 kurze Einfassungsstreifen, je 8 x 70,5 cm
– 2 lange Einfassungsstreifen, je 8 x 82,5 cm
– 1 Kapuzen-Außenseite, 29 x 29 cm

b. Aus dem Fleece:

Größe 0–3 Monate

– 1 Innenseite, 72,5 x 72,5 cm
– 1 Kapuzen-Innenseite, 29 x 29 cm

Größe 3–6 Monate

- 1 Innenseite, 82,5 x 82,5 cm
- 1 Kapuzen-Innenseite, 29 x 29 cm

c. Aus Vlieseinlage, falls Sie eine Winterdecke nähen möchten:

Größe 0–3 Monate

- 1 Teil, 72,5 x 72,5 cm

Größe 3–6 Monate

- 1 Teil, 82,5 x 82,5 cm

• SCHRITT 2 •

Die Einfassung an das Fleece nähen. (ZEICHNUNG 1)

a. Einen kurzen Einfassungsstreifen mittig rechts auf rechts im Abstand von 6 cm zur Fleece-Kante ausrichten und feststecken.

b. Steppfußbreit entlang der Außenkante des Streifens aufsteppen. Anfang und Ende der Naht mit Rückstichen verriegeln*.

c. Den Einfassungsstreifen zur Fleece-Kante umschlagen. Jetzt liegt die linke Stoffseite auf der rechten Seite des Fleece. Bei niedriger Temperatur bügeln.

d. Den zweiten kurzen Streifen ebenso an der gegenüberliegenden Seite des Fleece annähen. Dann die beiden langen Streifen an den noch freien Fleece-Kanten ansteppen.

e. Die Kante ringsherum mit der Maschine heften*. Dabei wird die Außenkante der Einfassung auf dem Fleece fixiert.

• SCHRITT 3 •

Die Kapuze nähen.

a. Das Kapuzenfutter diagonal zu einem Dreieck falten. Den Bruch vorsichtig bügeln und den Stoff wieder auffalten. Im Bruch im schrägen Fadenlauf* durchschneiden, so dass zwei Dreiecke von 29 x 29 x 41 cm entstehen. (Sie brauchen nur eines der Dreiecke).

b. Die Kapuzen-Außenseite ebenso falten und zuschneiden.

c. Außenseite und Futter rechts auf rechts legen. Die Längskanten zusammenstecken und steppfußbreit zusammennähen. Anfang und Ende der Naht mit Rückstichen verriegeln. Die Kapuze auf rechts wenden und bei niedriger Temperatur bügeln. Steppfußbreit neben der Naht absteppen.

d. Die beiden offenen Kanten mit der Maschine heften.

• SCHRITT 4 •

Die Kapuze ansetzen und die Ecke abrunden.

a. Die Kapuze an einer Ecke der Decke ausrichten, die Fleece-Seiten liegen aufeinander, und feststecken.

b. Die Spitze der Kapuze wird abgerundet. Um einen gleichmäßigen Bogen zu erhalten, markieren Sie beide Kanten in 10 cm Abstand zur Spitze. Einen Frühstücksteller kopfüber auf die Kapuze legen und an den Markierungen ausrichten. Die Kontur des Tellers mit einem auswaschbaren Textilstift nachzeichnen. Durch alle Stofflagen entlang der angezeichneten Linie schneiden. Die Kanten mit der Maschine heften.

• SCHRITT 5 •

Innen- und Außenseite zusammennähen. (ZEICHNUNG 2)

Hinweis: Wenn Sie die wärmere Winterdecke nähen, legen Sie die linke Stoffseite der Deckenaußenseite auf die beschichtete Seite der Vlieseinlage. Das Vlies gemäß Herstelleranweisung aufbügeln. Das Bügeleisen auf »Wolle« einstellen. Dann die weiteren Schritte der Anleitung befolgen.

a. Innen- und Außenseite rechts auf rechts aufeinanderlegen. Alle Kanten ausrichten und feststecken. An der Außenseite die Rundung der Kapuze entsprechend der Innenseite schneiden.

b. Die Kanten ringsherum steppfußbreit zusammennähen. In der Mitte einer Seite eine 20 cm breite Öffnung lassen. Anfang und Ende der Naht mit Rückstichen verriegeln.

c. Die Nahtzugaben* an den Ecken schräg abschneiden, dabei aber nicht in die Naht schneiden.

d. Die Decke wenden. Die Kapuze umdrehen, so dass das Fleece-Futter zur Fleece-Deckenseite zeigt. Mit einer Wendehilfe* die Ecken und die Rundung herausdrücken. Die Kanten bügeln, dabei das Bügeleisen auf mittlere Temperatur einstellen.

e. Die Stoffkanten an der Öffnung nahtbreit nach innen einschlagen und steppen. Die Öffnung von Hand mit überwendlichen Stichen* schließen. Alle vier Kanten der Decke steppfußbreit absteppen, dabei die Kapuze anheben und deren Vorderkante steppen. Anfang und Ende der Naht mit Rückstichen verriegeln.

f. Auf der Fleece-Seite ringsherum dicht neben der Ansatznaht des Einfassungsstreifens absteppen.

• SCHRITT 6 •

Knopflöcher* für das Band arbeiten. (ZEICHNUNG 2)

a. Die Decke diagonal zur Hälfte falten, so dass eine Dreiecksform entsteht. Die Kapuze liegt in einer der gefalteten Ecken. Den Bruch vorsichtig bügeln, dann die Decke wieder auffalten.

b. Von der Kapuzenspitze ausgehend auf dem Mittelbruch mit einem auswaschbaren Textilstift eine Markierung anbringen (für Größe 0–3 Monate bei 39 cm, für Größe 3–6 Monate bei 44 cm). Anschließend 2 cm rechts und links der Mitte Markierungen für die oberen Enden der Knopflöcher anzeichnen. Nun auf jeder Seite des Mittelbruchs ein Knopfloch arbeiten. Die Knopflöcher sind breiter als das Band, damit Sie das Band – wenn das Baby größer wird – verschieben können.

• SCHRITT 7 •

Das Band nähen und einziehen. (ZEICHNUNG 2)

a. Die beiden Stoffstreifen für das Band rechts auf rechts falten, eine Schmalseite ausrichten und stecken. Die gesteckte Kante steppfußbreit zusammennähen, Anfang und Ende der Naht mit Rückstichen verriegeln. Die Nahtzugaben auseinanderbügeln.

b. Nun gemäß der Anleitung für ein Zugband (siehe Seite 172) fortfahren. Zuerst die Längsseiten zum Mittelbruch falten, dann die Schmalseiten 1 cm zur linken Stoffseite umbügeln. Danach alle vier Ecken zum Mittelbruch falten und bügeln, so dass an den Enden des Bandes Spitzen entstehen. Das Band gemäß der Anleitung fertigstellen.

c. Das Band auf der Außenseite der Decke durch die Knopflöcher ziehen und mittig ausrichten.

• SCHRITT 8 •

Ein Baby in die Decke wickeln.

a. Das Baby auf dem Rücken in die Mitte der Decke legen, das Köpfchen in die Kapuze schieben.

b. Die untere Ecke der Decke über Beine und Körper des Babys schlagen.

c. Die rechte Ecke über den Körper schlagen und den Zipfel unter die linke Seite des Babys schieben. Die linke Seite über den Körper schlagen und den Zipfel unter das eingewickelte Baby schieben.

d. Das Band um den Bauch zubinden – aber nicht zu fest.

Zeichnung

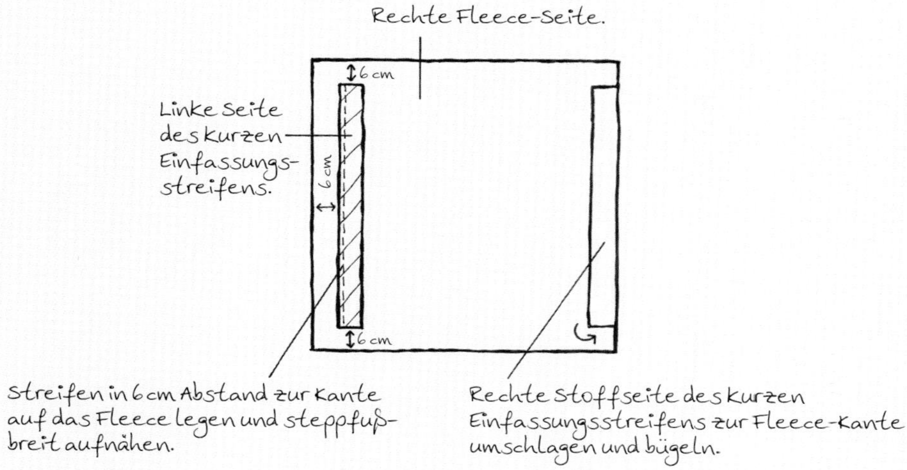

Zeichnung 2

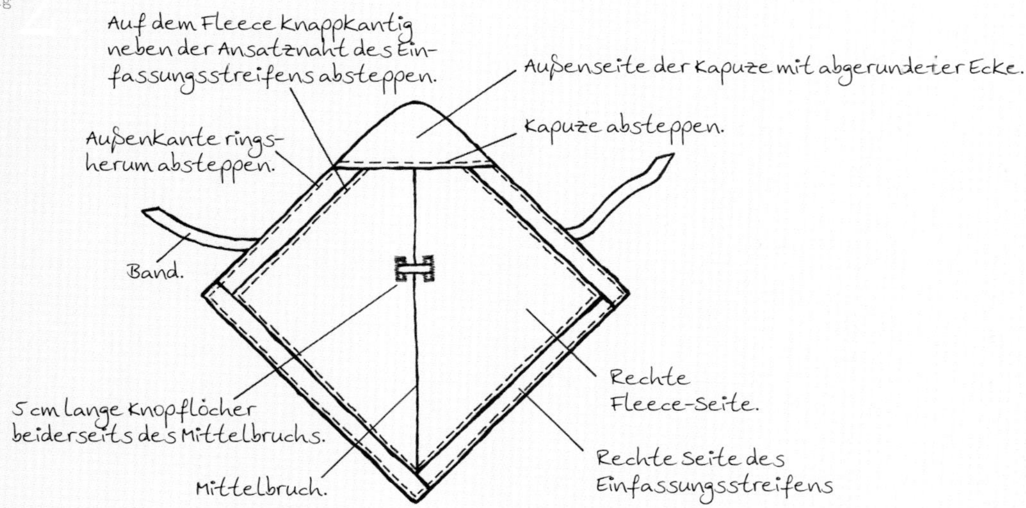

b.

Bett-Set mit Taschen

Kissenbezug – Fertige Größe: 30 x 40 cm
Spannlaken – Fertige Größe: 70 x 130 cm, 20 cm tief (für eine Standard-Gitterbett-Matratze)
Gequiltete Wendedecke – Fertige Größe: 90 x 125 cm
Volant – Fertige Größe: 70 x 130 cm, 37,5 cm Höhe von Matratzenrand bis Saum
Schutzpolster – Fertige Größe: 25 x 400 cm (für ein Standard-Gitterbett)
Schwierigkeitsgrad: 3

Auch ein Babyzimmer darf stylisch aussehen – solange es dabei behaglich und praktisch ist. Laken, Schutzpolster mit Taschen für Bücher und Spielsachen, Kissenbezug, Bettvolant und Steppdecke passen zu jeder Einrichtung. Die Bettausstattung darf das Baby niemals einengen und soll eine sichere Schlafhaltung gewährleisten.

STOFFE

Für den Kissenbezug

* 50 cm (110 cm oder 135 cm breit) mittelfester Druckstoff für die Vorderseite
* 50 cm (110 cm oder 135 cm breit) passender, mittelfester Druckstoff für die Rückseite
* 50 cm (110 cm breit) Nesselstoff zum Füttern der Vorderseite

Für das Laken

* 320 cm (110 cm breit) mittelfester Stoff oder 180 cm (135 cm breit) mittelfester Stoff

Für die Wendedecke

* 140 cm (110 cm oder 135 cm breit) mittelfester Druckstoff für die Vorderseite
* 150 cm (110 cm oder 135 cm breit) mittelfester Druckstoff in einem zweiten Muster für die Rückseite
* 60 cm (110 cm oder 135 cm breit) mittelfester Druckstoff in einem dritten Muster für die Einfassung

Für den Volant

* 150 cm (110 cm oder 135 cm breit) Nesselstoff für das Mittelteil. Hinweis: Dieses Teil liegt unsichtbar unter der Matratze.
* 275 cm (110 cm oder 135 cm breit) mittelfester Druckstoff für die Seitenteile

Für das Schutzpolster

* 185 cm (110 cm oder 135 cm breit) mittelfester Stoff für Außenseite und Bänder
* 410 cm (110 cm oder 135 cm breit) passender, mittelfester Stoff für Innenseite und Taschen

ZUBEHÖR

Für den Kissenbezug

* 70 cm (50 cm breit) mittelfeste, gewebte Einlage zum Aufbügeln (wir verwenden Pellon-Stacy-Shape-Flex 101 von Freudenberg)
* 35 cm (110 cm breit) Volumen-Vlies zum Aufbügeln (wir verwenden Thermolam Plus von Freudenberg)
* 1 Rolle passendes Allzweck-Nähgarn
* 30 x 40 cm Baumwoll-Wattiervlies

Für das Laken

* 1 Rolle passendes Allzweck-Nähgarn
* 110 cm Gummiband, 7 mm breit
* Mittelgroße Sicherheitsnadel

Für die Wendedecke

* 2 Pakete fülliges Polyester-Wattiervlies, etwa Bettgröße (112,5 x 150 cm)
* Malerkrepp (nach Wunsch)
* 1 Rolle passendes Allzweck-Nähgarn
* 1 Strang passendes Baumwoll-Glanzperlgarn für die Stepp-Punkte
* Sticknadel
* Oberstofftransporter (Spezialfuß für die Nähmaschine, nicht unbedingt notwendig, aber sehr praktisch)

Für den Volant

* 1 Rolle passendes Allzweck-Nähgarn

Für das Schutzpolster

* 150 cm (50 cm breit) mittelfeste, gewebte Aufbügel-Einlage (wir verwenden Pellon-Stacy-Shape-Flex 101 von Freudenberg)
* 1 Rolle passendes Allzweck-Nähgarn
* Schaumstoff 6 Teile à 66 x 25 x 3 cm (gibt es in jedem gutsortierten Baumarkt; für Zuschnitt von Länge und Breite bitte Hinweis S. 128 beachten)

Kissenbezug

• SCHRITT 1 •

Alle Teile aus dem Stoff zuschneiden.

Aus dem ersten Druckstoff:

– 1 Vorderseite, 42,5 x 32,5 cm

Aus dem zweiten Druckstoff:

– 2 Rückseiten, je 28 x 32,5 cm

Aus dem Nesselstoff:

– 1 Futter, 42,5 x 32,5 cm

Aus der Aufbügel-Einlage:

– 2 Teile, je 28 x 32,5 cm

Aus dem Volumen-Vlies zum Aufbügeln

– 1 Teil, 42,5 x 32,5 cm

• SCHRITT 2 •

Die Rückseite vorbereiten und nähen.

a. Die rechte Stoffseite eines Rückenteils auf die beschichtete Seite der Aufbügel-Einlage legen. Mit dem Bügeleisen bei Einstellung »Wolle« die Stofflagen gemäß Herstelleranweisung aufeinanderbügeln.

b. Auch auf das zweite Rückenteil die Einlage bügeln.

c. Ein Rückenteil mit der linken Stoffseite nach oben ausbreiten. Eine Längsseite 1 cm umschlagen (links auf links) und bügeln. Dieselbe Kante nochmals 1,5 cm umschlagen. Bügeln. Die umgeschlagene Kante feststecken und knappkantig steppen. Beide Nahtenden mit Rückstichen verriegeln.

d. Eine Längskante des zweiten Rückenteils ebenso umnähen.

e. Die beiden Teile so legen, dass die gesäumten Kanten einander um 6 cm überlappen. Mit der Maschine zusammenheften.

• SCHRITT 3 •

Die Vorderseite vorbereiten und nähen.

a. Den Nesselstoff auf die beschichtete Seite des Vlies legen und gemäß Herstelleranweisung aufbügeln. Dabei das Bügeleisen auf »Wolle« stellen.

b. Das Vorderteil mit der linken Stoffseite auf die Vlies-Seite des Nesselstoffs legen. Die Schnittkanten ausrichten und abstecken. Dann mit der Maschine rings um die Außenkante heften.

• SCHRITT 4 •

Das Kissen fertigstellen.

a. Das wattierte Vorderteil rechts auf rechts an die Rückenteile stecken, dabei alle Kanten sauber ausrichten. Ringsherum steppfußbreit zusammennähen, Anfang und Ende der Naht mit Rückstichen verriegeln. Die Nahtzugabe auf 6 mm zurückschneiden und mit Zickzackstichen versäubern.

b. Den Kissenbezug auf rechts wenden. Die Ecken mit einer Wendehilfe herausdrücken.

c. Das Kissen durch die Öffnung in der Rückseite einschieben.

Spannlaken

ANLEITUNG FÜR STOFFBREITE 110 CM

• SCHRITT 1 •

Aus dem Stoff zuschneiden.

- 1 Mittelteil, 72,5 x 174 cm
- 2 Seitenteile, je 23 x 132 cm

• SCHRITT 2 •

Das Laken nähen.

a. Jedes Teil zur Hälfte falten, dabei die Schmalseiten ausrichten, dann den Bruch bügeln. So wird jeweils die Mitte markiert.

b. Die Seitenteile rechts auf rechts auf das Mittelteil legen, dabei Kanten und Mittelbrüche genau ausrichten. Die Längskanten stecken und steppfußbreit zusammensteppen. Am Anfang und Ende der Naht bleiben je 1 cm offen.

c. Am Mittelteil die Nahtzugabe an den Enden der Stepplinie einknipsen*, dabei aber nicht in die Naht schneiden.

d. Die Teile bleiben rechts auf rechts liegen. Das Mittelteil an einem Einschnitt drehen und an die angrenzende Schmalseite des Seitenteils anlegen. Stecken und steppfußbreit entlang der Kante nähen, so dass eine Ecke entsteht. Die anderen drei Ecken genauso arbeiten.

e. Die Ränder der Nahtzugabe mit Zickzackstichen versäubern. Überstehenden Stoff abschneiden.

f. Ringsherum die Unterkante knapp 1 cm nach links umschlagen und bügeln. Die Kante nochmals 1 cm umschlagen, wieder bügeln, dann stecken.

g. An einer Längskante im Abstand von 20 cm zur Ecke eine Markierung anbringen. An den übrigen drei Ecken wiederholen.

h. Den gebügelten Saum knappkantig absteppen, dabei aber an den vier Markierungen ein 2,5 cm langes Stück Naht offen lassen. Anfang und Ende der Nähte mit Rückstichen verriegeln.

• SCHRITT 3 •

Gummiband in die Schmalseiten einziehen.

(ZEICHNUNG 1)

a. Das Gummiband halbieren, um zwei Stücke von 55 cm Länge zu erhalten. Die Sicherheitsnadel in ein Ende eines Gummibandes stecken und in eine der 2,5 cm langen Nahtöffnungen (siehe in Schritt 2 h) schieben. Die Sicherheitsnadel in den Tunnel schieben und an der Öffnung am anderen Ende wieder hervorholen.

b. Die Gummiband-Enden an den Nahtöffnungen mit einigen Stichen fixieren.

c. Das Gummiband auf der anderen Seite ebenso einziehen und befestigen.

d. Die vier Nahtöffnungen zusteppen. Anfang und Ende der Naht mit Rückstichen verriegeln.

ANLEITUNG FÜR STOFFBREITE 135 CM

• SCHRITT 1 •

Aus dem Stoff zuschneiden.

- 1 Teil, 114 x 174 cm

• SCHRITT 2 •

Das Laken nähen.

a. An allen vier Ecken des Stoffe je ein Quadrat von 22 cm Kantenlänge herausschneiden.

b. An einer Ecke die Schnittkanten rechts auf rechts ausrichten, abstecken und steppfußbreit zusammennähen. Die Ränder der Nahtzugabe mit Zickzackstichen versäubern.

c. Die anderen drei Ecken ebenso arbeiten.

d. Die Unterkante doppelt einschlagen und säumen (siehe oben, Schritt 2 f bis 2 h), dann das Gummiband einziehen (siehe oben, Schritt 3).

Zeichnung

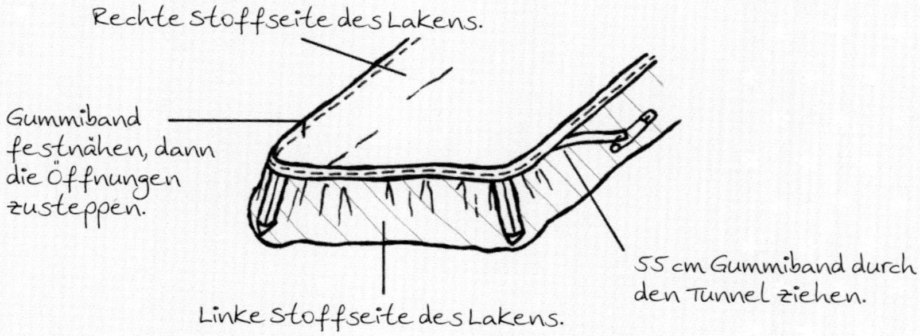

Gequiltete Wendedecke

• SCHRITT 1 •

Alle Teile aus dem Stoff zuschneiden.

Aus dem ersten Stoff:

– 1 Vorderseite, 90 x 125 cm

Aus dem zweiten Stoff:

– 1 Rückseite, 100 x 135 cm

Aus dem dritten Stoff:

– 475 cm (9 cm breit) Einfassungsstreifen, im geraden Fadenlauf quer zur Webrichtung zugeschnitten

• SCHRITT 2 •

Die Lagen des Quilts vorbereiten.

a. Das Füllvlies ausbreiten, damit sich die Falten glatt ziehen.

b. Die Rückseite mit der linken Stoffseite nach oben auf eine große Arbeitsfläche legen und glatt streichen. Falls nötig, bügeln. Es kann hilfreich sein, die Stoffkanten mit Malerkrepp auf die Tischplatte zu kleben, damit sie nicht verrutschen.

c. Beide Lagen Vlies auf die ausgebreitete Rückseite legen und glatt streichen. Das Vlies genau auf die Größe des darunterliegenden Stoffes zuschneiden.

d. Die Vorderseite mit der rechten Stoffseite nach oben auf das Vlies legen und mittig ausrichten. Alle Lagen zusammenstecken – an den Rändern und auch auf der Fläche.

• SCHRITT 3 •

Die Einfassung vorbereiten und anbringen.

a. Den Streifen entsprechend der Anleitung im Anhang (ab Seite 169) vorbereiten. Dann den Streifen auf die rechte Seite des Vorderteils nähen. Das geht am besten mit einem Oberstofftransporter*.

b. Die Kanten von Rückseite und Vlies so abschneiden, dass sie bündig mit Vorderteil und Einfassung abschließen. Dann den Einfassungsstreifen zur Rückseite umschlagen, abstecken und von Hand mit überwendlichen Stichen ringsherum festnähen.

• SCHRITT 4 •

Die Quilt-Punkte anzeichnen und aufsticken.

(ZEICHNUNG 2)

a. Von der Mitte der Decke ausgehend mit einem auswaschbaren Textilstift im Abstand von 15 cm Reihen von Markierungen anzeichnen. Die Zeichen so versetzen, dass ein Rautenmuster entsteht:

x x x x x x
x x x x x
x x x x x x

b. Perlgarn in die Sticknadel einfädeln und an einer Markierung von der Vorderseite gerade zur Rückseite stechen. Knapp neben dem Ausstich wieder einstechen und den Stickfaden zurück zur Vorderseite ziehen. Den Faden abschneiden, dabei beide Enden 10 cm hängen lassen. Alle Markierungen ebenso sticken.

c. Die herabhängenden Garnenden mit einem Doppelknoten sichern, dann die Enden auf 1,5–2,5 cm kürzen.

Zeichnung

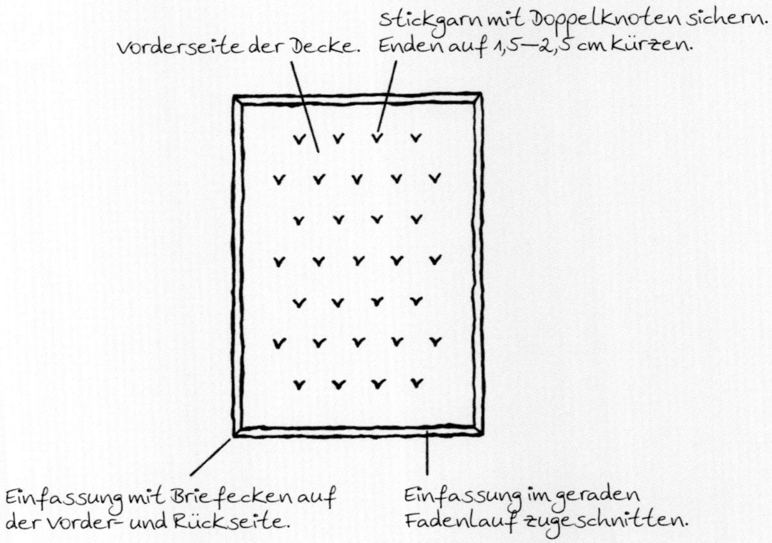

Volant

• SCHRITT 1 •

Alle Teile aus dem Stoff zuschneiden.

Für das Mittelteil aus Nesselstoff:

– 1 Teil, 72,5 x 132,5 cm

Für den Volant aus bedrucktem Stoff:

– 2 Endstücke, je 75 x 41 cm
– 4 Seitenteile, je 72,5 x 41 cm
– 2 seitliche Einsätze, je 20 x 41 cm

• SCHRITT 2 •

Die Unterkanten der Volantteile säumen.

a. Die Unterkante des ersten Endstücks 1 cm nach links umschlagen und bügeln. Dieselbe Kante nochmals gut 1 cm nach links umschlagen, bügeln und abstecken. Den gebügelten Saum knappkantig absteppen. Beide Nahtenden mit Rückstichen verriegeln.

b. Das zweite Endstück, die vier Seitenteile und die kurzen Unterkanten der seitlichen Einsätze ebenso säumen.

• SCHRITT 3 •

Die Seitenkanten der Volantteile säumen.

a. Die Stoffkanten an beiden Schmalseiten des ersten Endstücks knapp 1 cm nach links umschlagen und bügeln. Nochmals 1,5 cm nach links umschlagen. Bügeln und abstecken. Den gebügelten Saum knappkantig absteppen. Beide Naht-
enden mit Rückstichen verriegeln.

b. Beide Seiten des zweiten Endstücks und die langen Kanten der beiden Einsätze ebenso säumen.

c. Die zur Mitte zeigenden Schmalkanten der Seitenteile knapp 1 cm nach links umschlagen und bügeln. Nochmals 1 cm nach links umschlagen. Bügeln und abstecken. Den gebügelten Saum knappkantig absteppen. Beide Nahtenden mit Rückstichen verriegeln.

d. Dann die zu den Ecken zeigenden Schmalkanten der Seitenteile knapp 1 cm nach links umschlagen und bügeln. Nochmals 1 cm nach links umschlagen. Bügeln und stecken. Den gebügelten Saum knappkantig absteppen. Beide Nahtenden mit Rückstichen verriegeln.

• SCHRITT 4 •

Den Volant an das Mittelteil setzen. (ZEICHNUNG 3)

a. Das Mittelteil zur Hälfte falten und die Schmalseiten aufeinander ausrichten. Den Mittelbruch vorsichtig einbügeln.

b. Die seitlichen Einsätze zur Hälfte falten und die Längskanten aufeinander ausrichten. An jedem Teil den Mittelbruch vorsichtig einbügeln.

c. Die ungesäumte Längskante des ersten Endstücks an einer Schmalseite des Mittelteils rechts auf rechts anlegen mittig ausrichten und abstecken. Die Kante steppfußbreit zusammennähen. Beide Nahtenden mit Rückstichen verriegeln.

d. Das zweite Endstück ebenso an die andere Schmalseite des Mittelteils setzen.

e. Die beiden Seitenteile rechts auf rechts an eine Längskante des Mittelteils stecken. Dabei die gesäumten Schmalseiten am Mittelbruch ausrichten. Die rechte Stoffseite des ersten Einsatzteils an die linke Stoffseite der Seitenteile stecken. Dabei die Mittelbrüche von Einsatz und Mittelteil aufeinander ausrichten. Die Kante steppfußbreit zusammennähen, dabei Mittelteil, Seitenteile und Einsätze mitfassen. Beide Nahtenden mit Rückstichen verriegeln.

f. Seitenteile und Einsatz an der anderen Längsseite des Mittelteils ebenso annähen.

g. Die Ränder der Nahtzugabe mit Zickzackstichen versäubern. Alle Nahtzugaben zum Mittelteil bügeln und dort feststecken. Die Nahtzugaben knappkantig auf das Mittelteil

Zeichnung

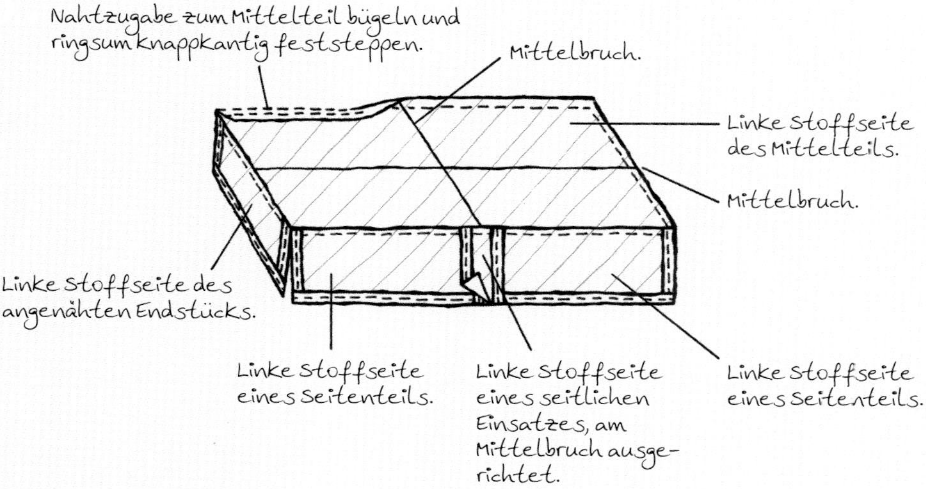

Schutzpolster mit Taschen

• SCHRITT 1 •

Alle Teile aus dem Stoff zuschneiden.

Aus dem ersten Stoff:
- 6 Außenteile, je 69 x 29,5 cm
- 12 Bänder, je 5 x 55 cm
- 2 Schlaufen, je 5 x 7 cm

Aus dem zweiten Stoff:
- 8 Taschen, je 69 x 25 cm
- 6 Innenteile, je 69 x 29,5 cm

Aus der Bügeleinlage:
- 4 Teile, je 69 x 25 cm

• SCHRITT 2 •

Die Taschenteile mit Einlage verstärken.

a. Ein Taschenteil mit der rechten Stoffseite nach oben auf die beschichtete Seite eines Einlageteils legen. Gemäß Herstelleranweisung aufbügeln. Dabei das Bügeleisen auf »Wolle« stellen.

b. Die anderen drei Taschenteile ebenso verstärken.

• SCHRITT 3 •

Die Taschen nähen.

a. Je ein verstärktes und ein unverstärktes Taschenteil rechts auf rechts legen, die Oberkanten abstecken und steppfußbreit zusammennähen. Beide Nahtenden mit Rückstichen verriegeln.

b. Die Taschenteile auf rechts wenden. Bügeln und die Oberkante steppfußbreit absteppen.

c. Die anderen Kanten stecken und mit der Maschine heften.

d. Schritt 3a bis 3c für die anderen drei Taschen wiederholen.

e. Die erste fertige Tasche rechts auf rechts an ein Innenteil stecken, Seiten- und Unterkanten ausrichten und mit der Maschine heften.

f. Mit den anderen drei Taschen ebenso verfahren.

• SCHRITT 4 •

Die Innenteile zusammensetzen.

a. Die Innenteile rechts auf rechts an den Schmalseiten zu einem langen Streifen zusammenstecken. Diese Reihenfolge einhalten:

1. Innenteil ohne Tasche
2. Innenteil mit Tasche
3. Innenteil mit Tasche
4. Innenteil ohne Tasche
5. Innenteil mit Tasche
6. Innenteil mit Tasche

b. Die Schmalseiten steppfußbreit zusammennähen. Anfang und Ende jeder Naht mit Rückstichen verriegeln. Die Nahtzugaben auseinanderbügeln.

• SCHRITT 5 •

Die Außenteile zusammensetzen.

a. Die Außenteile rechts auf rechts an den Schmalseiten zu einem langen Streifen zusammenstecken.

b. Die Schmalseiten steppfußbreit zusammennähen. Anfang und Ende jeder Naht mit Rückstichen verriegeln. Die Nahtzugaben auseinanderbügeln.

• SCHRITT 6 •

Bänder und Schlaufen nähen.

a. Die Schmalseiten aller Bänder 1 cm nach links umschlagen und bügeln. 12 Bänder vorbereiten (siehe Seite 172). Beiseitelegen.

b. Die beiden Schlaufen ebenso wie die Bänder nähen, aber die Enden nicht einschlagen.

• SCHRITT 7 •

Die Schlaufen ansetzen, dann Außen- und Innenteil zusammensetzen. (ZEICHNUNG 4)

a. Die Schlaufen zur Hälfte falten. Die Schmalseiten aufeinander ausrichten. Die Schlaufen auf die rechte Stoffseite der Seitenkanten eines Innenteils ohne Taschen stecken: eine 2 cm unterhalb der Oberkante, die andere 2 cm oberhalb der Unterkante. Die Schmalseiten der Schlaufen an den Stoffkanten des Innenteils ausrichten.

b. Die Außenteile rechts auf rechts auf die Innenteile stecken. Nähte und Stoffkanten aufeinander ausrichten.

c. In 15 cm Abstand zu den unteren Ecken an der Unterkante mit einem auswaschbaren Textilstift Markierungen anbringen.

d. In 15 cm Abstand zu den Nähten rechts und links an der Unterkante ebenso markieren.

e. Von der ersten 15-cm-Markierung (an einer Ecke) steppfußbreit bis zur Ecke nähen, dann an der Schmalseite aufwärts, an der langen Oberkante entlang, an der anderen Schmalseite wieder abwärts und bis zur 15-cm-Markierung am anderen Ende der Unterkante. Beide Nahtenden mit Rückstichen verriegeln.

f. An den Nähten an der Unterkante jeweils zwischen den 15-cm-Markierungen knappkantig absteppen, so dass eine 30 cm lange Naht und ca. 36 cm lange Öffnungen an der Unterkante jedes Teils entstehen.

g. Die Ecken der Nahtzugabe schräg abschneiden und die Teile auf rechts wenden. Die Ecken mit einer Wendehilfe herausdrücken. Bügeln.

h. Die Nähte der Innen- und Außenteile aufeinander ausrichten und stecken. Jeweils im Nahtschatten* absteppen. Anfang und Ende jeder Naht mit Rückstichen verriegeln.

• SCHRITT 8 •

Die Bänder ansetzen. (ZEICHNUNG 5)

a. Die Bänder zur Hälfte falten und die Schmalseiten ausrichten, um die Mitte zu finden. Den Mittelbruch vorsichtig einbügeln.

b. Die Bänder an die Ober- und Unterkanten der Außenseite stecken, dabei die Mittelbrüche der Bänder auf den Nähten ausrichten. Es werden Bänder in der Mitte und an den Enden der Taschenteile angebracht.

c. Die Bänder in der Nahtlinie feststeppen. Anfang und Ende jeder Naht sorgfältig mit Rückstichen verriegeln.

• SCHRITT 9 •

Die Einlage einschieben und das Polster fertigstellen.

a. Durch jede Öffnung in der Unterkante ein Einlageteil stecken und bis in die Ecken des Bezugs schieben.

b. Die Nahtzugaben an den Öffnungen 1 cm nach innen einschlagen, abstecken und von Hand mit überwendlichen Stichen zunähen.

Zeichnung 4

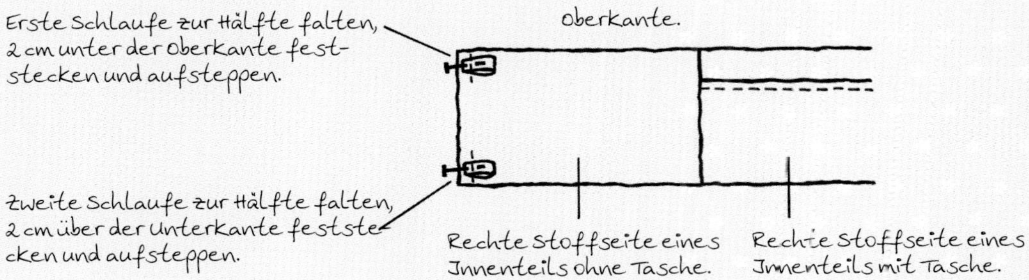

Zeichnung 5

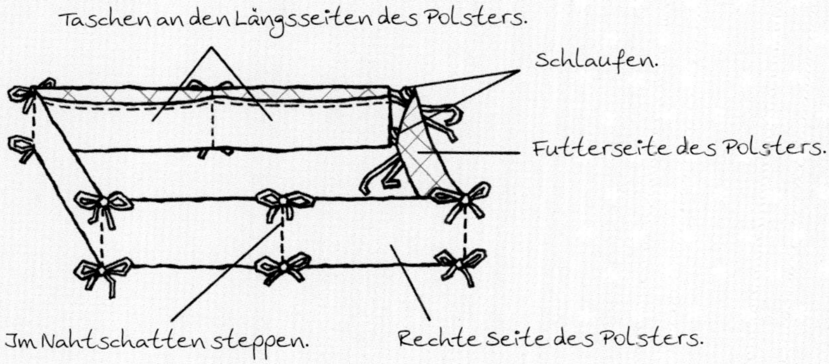

c.

Kuscheltiere

Marienkäfer – Fertige Größe: klein: 11 x 15 x 5 cm; groß: 14 x 21 x 7,5 cm
Schmetterlinge – Fertige Größe: klein: 22,5 x 15 x 5 cm; groß: 29 x 20 x 7,5 cm
Schwierigkeitsgrad: 3

Mit den weichen Käfern und Schmetterlingen, die es in zwei Größen gibt, fällt das Einschlafen leichter. Sie machen nämlich leise, beruhigende Geräusche! Mixen Sie Stoffe ganz nach Geschmack, kunterbunt oder eher dezent.

STOFFE

Für den kleinen Marienkäfer

* 25 cm (110 cm oder 135 cm breit) mittelfester Druckstoff für Körper und Rücken
* 15 cm (110 cm oder 135 cm breit) mittelfester Unistoff für Punkte, Streifen, Kopf und Fühler
* 25 cm (110 cm breit) Volumen-Vlies zum Aufbügeln (wir verwenden Thermolam Plus)

Für den großen Marienkäfer

* 35 cm (110 cm oder 135 cm breit) mittelfester Druckstoff für Körper und Rücken
* 15 cm (110 cm oder 135 cm breit) mittelfester Unistoff für Punkte, Streifen, Kopf und Fühler
* 35 cm (110 cm breit) Volumen-Vlies zum Aufbügeln (wir verwenden Thermolam Plus)

Für den kleinen Schmetterling

* 20 x 20 cm Reststück mittelfester Unistoff für Körper und Punkte
* 25 cm (110 cm oder 135 cm breit) mittelfester Druckstoff für Flügel und Fühler

Für den großen Schmetterling

* 25 x 25 cm Reststück mittelfester Unistoff für Körper und Punkte
* 35 cm (110 cm oder 135 cm breit) mittelfester Druckstoff für Flügel und Fühler

ZUBEHÖR

Für die Marienkäfer

* 25 cm (42,5 cm breit) Haftvlies zum Aufbügeln (z. B. Vliesofix von Freudenberg)
* Kopierrädchen und Schneider-Kopierpapier
* 1 Rolle passendes Allzweck-Nähgarn
* 1 Beutel Naturfaser-Füllmaterial
* 12 kleine Glöckchen in Kugelform (Ø 20 mm)

Für den kleinen Schmetterling

* 10 x 10 cm Haftvlies zum Aufbügeln (z. B. Vliesofix von Freudenberg)
* Kopierrädchen und Schneider-Kopierpapier
* 1 Rolle passendes Allzweck-Nähgarn
* 1 Beutel Naturfaser-Füllmaterial
* 6 kleine Glöckchen in Kugelform (Ø 16 mm)

Für den großen Schmetterling

* 10 x 10 cm Haftvlies zum Aufbügeln (z. B. Vliesofix von Freudenberg)
* Kopierrädchen und Schneider-Kopierpapier
* 1 Rolle passendes Allzweck-Nähgarn
* 1 Beutel Naturfaser-Füllmaterial
* 6 kleine Glöckchen in Kugelform (Ø 20 mm)

HINWEIS

* Ein Beutel Naturfaser-Füllmaterial genügt für alle vier Kuscheltiere.

Marienkäfer

DIE ANLEITUNG GILT FÜR BEIDE GRÖSSEN.

• SCHRITT 1 •

Die Teile aus den Schnittmusterbögen in der Einstecktasche ausschneiden.

Dabei auf die richtige Größe achten.

- Körper
- Punkte
- Bauch
- Kopf

• SCHRITT 2 •

Alle Teile aus dem Stoff zuschneiden.

a. Den Stoff links auf links längs zur Hälfte falten und den Mittelbruch einbügeln. Den Stoff ausbreiten. Beide Webkanten* zum Mittelbruch falten und auch diese Bruchkanten leicht einbügeln.

b. Aus dem Druckstoff (siehe Tipps Seite 13):

- 1 Körper im Stoffbruch
- 1 Bauch im Stoffbruch

c. Aus dem Unistoff:

- 1 Streifen für die Fühler (für den kleinen Marienkäfer: 3 x 15 cm; für den großen Marienkäfer: 4 x 17,5 cm)

d. Das Haftvlies mit dem Papier nach oben auf die linke Seite des restlichen Unistoffs legen und gemäß Herstelleranweisung aufbügeln. Die Schnittmuster auf die rechte Stoffseite übertragen.

Aus dem mit Haftvlies verstärkten Stoff

- 1 Kopf im Stoffbruch
- 2 kleine Punkte (für den kleinen Marienkäfer: 3 cm groß, für den großen Marienkäfer 4 cm groß)
- 2 große Punkte (für den kleinen Marienkäfer: 4 cm groß, für den großen Marienkäfer 5 cm groß)
- 1 Mittelstreifen für den Rücken (für den kleinen Marienkäfer: 1 x 14 cm, für den großen Marienkäfer 1,25 x 16 cm lang)

e. Aus dem Aufbügel-Vlies:

- 1 Körper im Stoffbruch

• SCHRITT 3 •

Markierungen übertragen.

Alle Linien und Markierungen* vom Schnittmuster auf die zugeschnittenen Teile des Marienkäfer-Körpers übertragen. Verwenden Sie dazu Schneiderkreide oder Schneider-Kopierpapier und ein Kopierrädchen.

- Linien für Punkte, Kopf und Streifen für den Rücken auf die rechte Stoffseite übertragen.
- Die Positionen der Fühler auf der rechten Stoffseite des Marienkäfer-Kopfes anzeichnen.

• SCHRITT 4 •

Die Fühler nähen.

a. Den Streifen für die Fühler links auf links zur Hälfte falten und einen Mittelbruch einbügeln. Den Stoff wieder ausbreiten. Beide Längskanten zum Mittelbruch falten und nochmals bügeln. Beide Schmalseiten 1 cm zur linken Stoffseite umbügeln. Den Streifen am Mittelbruch falten, so dass alle Stoffkanten eingeschlossen sind. Beide Seiten knappkantig absteppen. Die Nahtenden mit Rückstichen verriegeln.

b. In jedes Ende des Stoffstreifens einen Knoten machen und gut festziehen.

c. Die Knoten aufeinanderlegen und den Streifen in der Mitte halbieren. Beiseitelegen.

• SCHRITT 5 •

Punkte, Mittelstreifen für den Rücken sowie den Kopf auf den Marienkäfer-Körper setzen.

a. Das Trägerpapier von Punkten, Streifen und Kopf abziehen. Die Punkte entsprechend der vorgezeichneten Konturen auf den Körper legen. Den Rückenstreifen so auflegen, dass sein oberes Ende 1 cm in den Kopfbereich ragt. Dann den Kopf auflegen. Er verdeckt das Ende des Streifens. Beim Aufbügeln der Teile die Anweisung des Haftvlies-Herstellers beachten.

b. Die Ränder der Punkte, den inneren Rand des Kopfes und die beiden Seiten des Streifens mit engen Zickzackstichen nachsteppen. Anfang und Ende jeder Naht mit Rückstichen verriegeln.

c. Den Körper mit der linken Stoffseite nach unten auf die beschichtete Seite des Vlies legen. Gemäß Herstelleranweisung aufbügeln.

d. Die Enden der Fühler auf die Markierungen am Kopf legen. Die Fühler stehen dabei nicht vor, sondern liegen auf dem Kopf. Die Kanten ausrichten. Die Fühler feststecken und ihre Enden mit der Maschine festheften.

• SCHRITT 6 •

Den Marienkäfer-Körper nähen. (ZEICHNUNG 1)

a. Den Körper erst längs, dann quer zur Hälfte falten. Die Brüche leicht einbügeln, um die Viertel der Fläche zu markieren. Den Stoff wieder ausbreiten.

b. Am Bauch ebenso Viertelmarkierungen einbügeln.

c. In 1 cm Abstand zur Stoffkante mit Heftstich um den Körper nähen. Am Unterfaden ziehen, um die Stoffkante leicht aufzukräuseln. Körper und Bauch rechts auf rechts aufeinanderlegen, die Viertelmarkierungen ausrichten. Die Fühler liegen zwischen den Stoffteilen. Den Rand des Körpers einkräuseln, bis er genau auf den Bauch passt. Die Teile zusammenstecken, dann ringsherum steppfußbreit absteppen. Dabei eine 7,5 cm lange Wendeöffnung lassen. Beide Nahtenden mit Rückstichen verriegeln.

d. Die Nahtzugabe auf 5 mm kürzen und ringsherum in Abständen von 1–2 cm einschneiden.

• SCHRITT 7 •

Den Marienkäfer ausstopfen.

a. Den Marienkäfer auf rechts wenden, die Ränder herausdrücken und bügeln. Den Körper schön fest mit Füllwatte ausstopfen.

b. Einen 10 x 10 cm großen Stoffrest zur Hälfte falten. Zwei Seiten steppfußbreit zusammennähen, eine Seite bleibt offen. Die Glöckchen in die Tasche schieben und die offene Seite schließen.

c. Mit den Fingern ein kleines Loch in die Mitte der Füllung drücken. Die Tasche mit den Glöckchen hineinschieben und die Füllung ringsherum wieder gut verteilen.

d. Die Stoffkanten an der Wendeöffnung zwischen Bauch und Körper knapp 1 cm breit nach innen einschlagen, mit Stecknadeln fixieren und von Hand mit überwendlichen Stichen zunähen.

Zeichnung 1.

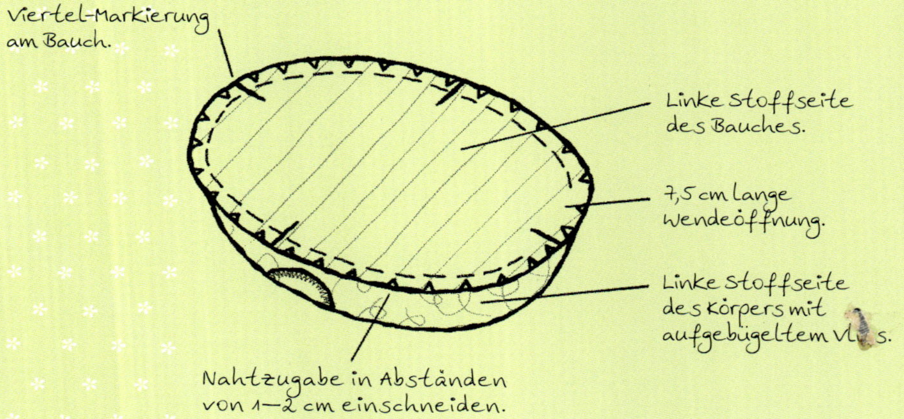

Schmetterlinge

DIE ANLEITUNG GILT FÜR BEIDE GRÖSSEN.

• SCHRITT 1 •

Die Teile aus dem Schnittmusterbogen in der Einstecktasche ausschneiden.

Schneiden Sie die Teile in der Größe aus, die Sie nähen möchten.

– Flügel, Punkte und Körper

• SCHRITT 2 •

Alle Teile aus dem Stoff zuschneiden.

a. Den Stoff links auf links längs zur Hälfte falten und die Webkanten aufeinander ausrichten.

b. Aus dem Unistoff:

– 2 Körper

c. Das Haftvlies mit der Papierseite nach oben auf die linke Seite des restlichen Unistoffs legen und entsprechend der Hersteller-Anweisung aufbügeln. Das Papier danach nicht abziehen!

Aus dem mit Haftvlies verstärkten Unistoff:

– 2 Punkte für den oberen Flügel (für den kleinen Schmetterling 4 cm groß, für den großen 5 cm groß)
– 2 Punkte für den unteren Flügel (für den kleinen Schmetterling 3 cm groß, für den großen 4 cm groß)

Aus dem Druckstoff:

– 4 Flügel
– 1 Streifen für die Fühler (für den kleinen Schmetterling 2,5 x 15 cm, für den großen Schmetterling 2,5 x 17,5 cm)

Hinweis: Achten Sie darauf, dass jeweils 2 Flügel gegengleich sind.

• SCHRITT 3 •

Markierungen übertragen.
Alle Linien und Markierungen vom Schnittmuster auf die Stoffteile übertragen.

a. Mit Schneiderkreide oder Schneider-Kopierpapier und einem Kopierrädchen alle Markierungen vom Schnittmuster auf den Stoff übertragen.

– Die Punkte auf der rechten Stoffseite eines Flügels anzeichnen, dann das Schnittmuster umdrehen und die Konturen auf dem anderen Flügel anzeichnen.
– Die Positionen der Fühler oben am Kopf markieren.
– Die Stepplinie auf der linken Seite eines Flügels anzeichnen.

• SCHRITT 4 •

Die Punkte auf die Flügel nähen. (ZEICHNUNG 2)

a. Von allen Punkten das Trägerpapier abziehen.

b. Die Punkte auf die vorgezeichneten Konturen des ersten Flügels legen und gemäß Hersteller-Anweisung aufbügeln. Die Konturen mit engem Zickzackstich nachsteppen.

c. Die beiden Punkte auf dem anderen Flügel ebenso applizieren*.

• SCHRITT 5 •

Die Fühler nähen und anbringen. (ZEICHNUNG 2)

a. Die Fühler nähen Sie entsprechend der Anleitung in Schritt 4 für den Marienkäfer (siehe Seite 39).

b. Die unversäuberten Enden der Fühler auf der rechten Seite des Körpers an ihre Positionen stecken. Die Fühler liegen auf dem Körper. Die Enden der Fühler mit der Maschine anheften.

• SCHRITT 6 •

Die Flügel an den Körper setzen.

a. Beide zugeschnittenen Körper quer falten und die abgerundeten Schmalseiten ausrichten. An beiden Teilen einen Mittelbruch einbügeln.

b. Die Flügel zur Hälfte falten, Ober- und Unterkante ausrichten. Den so entstehenden Knick leicht einbügeln.

c. Ein Flügelteil ohne Punkte und ein Körperteil ohne Fühler rechts auf rechts aufeinanderlegen und die Mittelbrüche aufeinander ausrichten. Die Teile zusammenstecken, dann steppfußbreit zusammennähen. Die Nahtenden mit Rückstichen verriegeln. Die Nahtzugabe zum Flügel bügeln.

d. Das zweite Flügelteil ohne Punkte rechts auf rechts an der anderen Seite des Körpers anlegen. Die Mittelbrüche ausrichten und die Teile zusammenstecken. Steppfußbreit nur oben und unten je ein 2,5 cm langes Stück Naht steppen. Die Öffnung wird zum Wenden gebraucht.

e. Die Flügelteile mit Punkten auf die gleiche Weise an den Körper mit den Fühlern setzen. Hier werden beide Nähte ganz gesteppt, es bleibt also keine Öffnung.

• SCHRITT 7 •

Vorder- und Rückseite zusammensetzen. (ZEICHNUNG 3)

a. Vorder- und Rückseite des Schmetterlings rechts auf rechts aufeinanderlegen, die Kanten ausrichten und zusammenstecken.

b. Steppfußbreit rings um die Außenkante nähen. An scharfen Ecken bei eingestochener Nadel wenden*. Die Nahtenden mit Rückstichen verriegeln.

c. Aus der Nahtzugabe kleine Keile herausschneiden (siehe Zeichnung 3), dabei aber nicht in die Naht schneiden. Diese Einschnitte oder Knipse sorgen dafür, dass sich nach dem Wenden die Nahtzugabe an den Rundungen nicht wellt. Besonders wichtig sind sie an den engen Rundungen an den Enden des Körpers.

• SCHRITT 8 •

Den Schmetterling wenden und ausstopfen.

a. Den Schmetterling durch die Nahtöffnung auf rechts wenden und alle Rundungen gut herausdrücken. Bügeln.

b. Zuerst die Flügel, dann den Körper mit Füllwatte ausstopfen – aber nicht zu fest.

c. Einen 10 x 10 cm großen Stoffrest zur Hälfte falten. Zwei Seiten steppfußbreit zusammennähen, eine Seite bleibt offen. Drei Glöckchen in die Tasche schieben und die offene Seite zunähen. Eine zweite Tasche nähen und ebenfalls drei Glöckchen einlegen.

d. Mit den Fingern in die Füllung jedes Flügels ein kleines Loch drücken. Die Taschen mit den Glöckchen hineinschieben und die Füllung ringsherum wieder gut verteilen.

e. Die Stoffkanten an der Öffnung zwischen Körper und Flügel knapp 1 cm breit nach innen einschlagen, mit Stecknadeln fixieren und von Hand mit überwendlichen Stichen zunähen.

f. Die Ansatznähte von Körper und Flügeln auf Vorder- und Rückseite aufeinander ausrichten und stecken. Auf beiden Seiten des Körpers diese Linien im Nahtschatten nachsteppen. Anfang und Ende der Nähte mit Rückstichen verriegeln.

Zeichnung

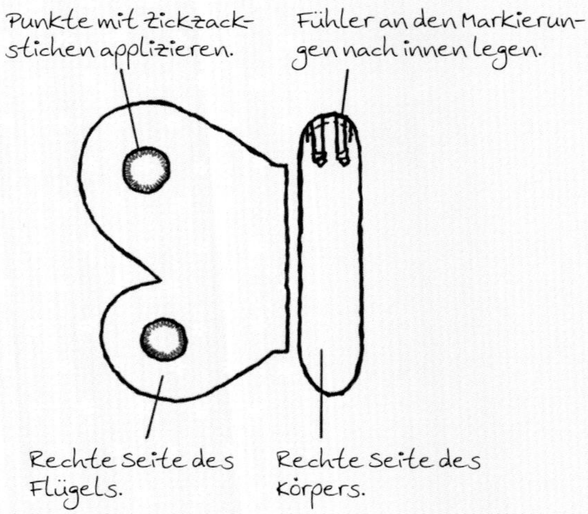

Zeichnung 3.

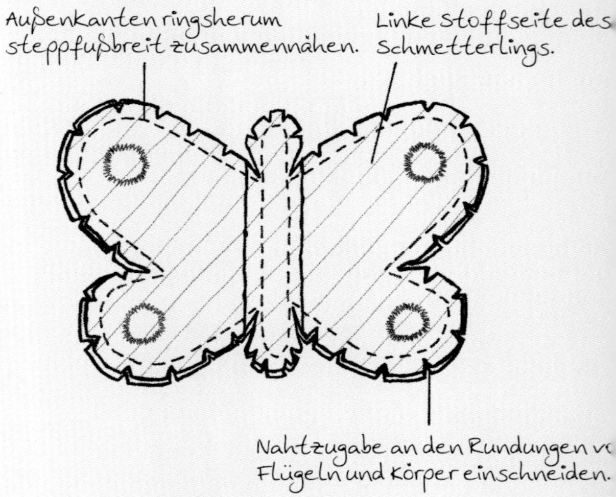

d.

Kimono-Pyjama

Fertige Größe: 0–3 Monate, 3–6 Monate, 6–9 Monate, 9–12 Monate
Schwierigkeitsgrad: 3

Lässig, bequem und absolut chic! Das Schlafanzug-Oberteil mit der seitlichen Schleife lässt sich leicht an- und ausziehen und kann auch mit kurzen Ärmeln genäht werden. Die Länge der Hose mit dem praktischen Gummibund bestimmen Sie selbst.

STOFFE

* 110 cm (110 cm breit) mittelfester Druckstoff
* 50 cm (110 cm breit) mittelfester Druckstoff in einem anderen, passenden Muster für den Besatz an Oberteil und Hose und die Schrägstreifen

ZUBEHÖR

* Sicherheitsnadel, mittlere Größe
* 1 Rolle passendes Allzweck-Nähgarn
* 60 cm (2,5 cm breit) querstabiles Gummiband für das Bündchen

• SCHRITT 1 •

Die Schnittmusterteile zuschneiden.

Aus dem Schnittmusterbogen in der Einstecktasche vorn im Buch ausschneiden

– Vorderteil Oberteil
– Rückenteil Oberteil
– Ärmel
– Vorderteil Hose
– Hinterteil Hose

• SCHRITT 2 •

Alle Teile aus dem Stoff zuschneiden.

a. Den Stoff links auf links längs zur Hälfte falten. Die Webkanten aufeinander ausrichten.

b. Aus dem ersten Druckstoff:

– 2 Ärmel und 1 Rückenteil im Stoffbruch (siehe Tipps auf Seite 13)
– 2 Vorderteile
– 2 Vorderteile und 2 Hinterteile Hose

Hinweis: Achten Sie darauf, dass jeweils die Vorder- und Hinterteile gegengleich sind.

c. Die Abmessungen für die Besätze direkt auf der rechten Seite des zweiten Stoffs anzeichnen und auf den angezeichneten Linien zuschneiden.

d. Aus dem zweiten Druckstoff:

- 2 vordere Besätze für das Oberteil
  - 0–3 Monate: 20,5 x 9 cm
  - 3–6 Monate: 21 x 9 cm
  - 6–9 Monate: 21,5 x 9 cm
  - 9–12 Monate: 22 x 9 cm
- 1 hinterer Besatz für das Oberteil
  - 0–3 Monate: 30 x 9 cm
  - 3–6 Monate: 31 x 9 cm
  - 6–9 Monate: 32,5 x 9 cm
  - 9–12 Monate: 34,5 x 9 cm
- 2 vordere Besätze für die Hose
  - 0–3 und 3–6 Monate: 15 x 9 cm
  - 6–9 und 9–12 Monate: 15,5 x 9 cm
- 2 hintere Besätze für die Hose
  - 0–3 und 3–6 Monate: 18 x 9 cm
  - 6–9 und 9–12 Monate: 19 x 9 cm

Für kurze Hosen:

- 2 vordere Besätze für die Hose
  - 0–3 Monate: 16 x 9 cm
  - 3–6 Monate: 17 x 9 cm
  - 6–9 Monate: 18 x 9 cm
  - 9–12 Monate: 19 x 9 cm
- 2 hintere Besätze für die Hose
  - 0–3 Monate: 19 x 9 cm
  - 3–6 Monate: 20 x 9 cm
  - 6–9 Monate: 21 x 9 cm
  - 9–12 Monate: 22 x 9 cm

Hinweis: Die Schrägstreifen werden erst in Schritt 4 zugeschnitten.

e. Aus dem 2,5 cm breiten Gummiband für alle Hosenlängen:

- 1 Taillengummi
  - 0–3 Monate: 47,5 cm
  - 3–6 Monate: 50 cm
  - 6–9 Monate: 52,5 cm
  - 9–12 Monate: 55 cm

Pyjama-Oberteil

DIE ANLEITUNG GILT FÜR EIN OBERTEIL MIT LANGEN ODER KURZEN ÄRMELN.

• SCHRITT 3 •

Vorderteile, Rückenteile, Ärmel und Besatz zusammennähen.

a. Die Oberkante des ersten vorderen Besatzes rechts auf rechts an die Unterkante eines Vorderteils stecken. Steppfußbreit zusammennähen, Anfang und Ende der Naht mit Rückstichen verriegeln. Die Ränder der Nahtzugabe mit Zickzackstichen versäubern und nach unten bügeln. Den zweiten vorderen Besatz am anderen Vorderteil ebenso annähen.

b. Den hinteren Besatz in der gleichen Weise an das Hinterteil nähen.

c. Die schrägen Kanten je eines Ärmels und Vorderteils rechts auf rechts aufeinanderlegen und zusammenstecken. Steppfußbreit zusammennähen, Anfang und Ende der Naht mit Rückstichen verriegeln. Die Ränder der Nahtzugabe mit Zickzackstichen versäubern und zum Ärmel bügeln. Die andere schräge Kante des Ärmels ebenso an das Rückenteil nähen.

d. Die obere Schrägung des zweiten Ärmels ebenso annähen – aber zuerst ans Rückenteil, dann ans zweite Vorderteil. Beiseitelegen. (Seitennähte und Säume kommen erst in Schritt 6 und 7 an die Reihe.)

• SCHRITT 4 •

Schrägstreifen schneiden und die Bindebänder ans Oberteil setzen.

a. Aus dem restlichen Stoff im zweiten Muster insgesamt 175 cm einfach gefalteten Schrägstreifen in 5 cm Breite zuschneiden (siehe Seite 170).

b. Für die Bindebänder ein 40 cm langes Stück vom Schrägstreifen abschneiden. Den restlichen Schrägstreifen beiseitelegen, er wird erst in Schritt 5 benötigt.

c. Den Schrägstreifen aufklappen. Die Schmalseiten 1 cm nach links umbügeln. Dann den Streifen am Mittelbruch zur

Hälfte falten, so dass die unversäuberten Kanten eingeschlossen sind. Knappkantig entlang der Bruchkante steppen, beide Nahtenden mit Rückstichen verriegeln. Den Streifen quer zur Hälfte legen, die Enden aufeinander ausrichten und den Streifen in zwei gleich lange Stücke schneiden. Dies sind die Bindebänder.

d. Das unversäuberte Ende eines Bandes 2,5 cm unterhalb des Ärmels auf die rechte Seite des linken Vorderteils legen. Feststecken und mit der Maschine festheften.

e. Das unversäuberte Ende des zweiten Bandes 2,5 cm unter dem Ärmel auf das rechte Vorderteil legen, diesmal aber auf die linke Stoffseite. Feststecken und mit der Maschine festheften. (Das Band liegt beim fertigen Oberteil auf der Innenseite.)

• SCHRITT 5 •

Schrägstreifen an das Oberteil setzen. (ZEICHNUNG 1)

a. Eine Längskante des restlichen Schrägstreifens aufklappen. Um die Vorderkanten des Oberteils einzufassen, die geöffnete Kante des Schrägstreifens und die Unterkante des vorderen Besatzes rechts auf rechts aufeinanderlegen und die Kanten sauber ausrichten. Den Schrägstreifen bis zum Beginn der Schrägung feststecken, überstehenden Schrägstreifen abschneiden. Den Schrägstreifen steppfußbreit aufnähen, Anfang und Ende der Naht mit Rückstichen verriegeln.

b. Den Schrägstreifen über die Vorderkante zur linken Stoffseite falten und feststecken. Von der Außenseite des Oberteils den Streifen knappkantig feststeppen, dabei die nach innen gefaltete Kante mitfassen. Anfang und Ende der Naht mit Rückstichen verriegeln.

c. Den Schrägstreifen am anderen Vorderteil von der Besatz-Unterkante bis zum Beginn der Schrägung ebenso ansetzen.

d. Nun den restlichen Schrägstreifen aufklappen. Ein 17,5 cm langes Stück lose hängen lassen (es dient später als Bindeband), dann den Schrägstreifen rechts auf rechts entlang der Oberteil-Vorderkante aufstecken: In einem Zug an einer Schrägung aufwärts, um den hinteren Halsausschnitt und an der anderen Schrägung abwärts. Am Ende 17,5 cm hängen lassen, den restlichen Schrägstreifen abschneiden. Den Schrägstreifen steppfußbreit aufnähen, beide Nahtenden mit Rückstichen verriegeln.

e. Den angenähten Schrägstreifen ganz auffalten und die Schmalseiten 1 cm nach links umbügeln.

f. Den Schrägstreifen über die Vorderkante des Oberteils nach innen falten. Die eingeschlagene Kante des Streifens soll dabei die Ansatznaht gerade verdecken. Die Schnittkanten der überstehenden Enden an beiden Vorderteilen zum Mittelbruch legen und die Streifen ebenfalls zusammenstecken. Nun den Streifen von der rechten Seite knappkantig absteppen – an einem losen Ende beginnen, um Vorderkante und Ausschnitt des Oberteils bis zum anderen losen Ende. Anfang und Ende der Naht mit Rückstichen verriegeln.

• SCHRITT 6 •

Vorder- und Rückenteil zusammensetzen.

a. Das Rückenteil und ein Vorderteil rechts auf rechts legen, die Ärmel-Ansatznähte ausrichten und feststecken. Die Seitennaht von der Unterkante bis zur Ärmel-Ansatznaht steppfußbreit nähen, an der Naht mit eingestochener Nadel wenden, dann weiternähen, um den Ärmel zu schließen. Anfang und Ende der Naht mit Rückstichen verriegeln.

b. Die Nahtzugabe an der Ärmel-Ansatznaht einknipsen, aber nicht die Naht einschneiden. Die Ränder der Nahtzugabe mit Zickzackstichen versäubern und zum Rückenteil bügeln.

c. Die andere Seiten- und Ärmelnaht ebenso schließen.

• SCHRITT 7 •

Das Oberteil säumen.

a. Die Unterkante des Besatzes knapp 1 cm breit zur linken Stoffseite umbügeln. Nochmals 1 cm nach links umbügeln und feststecken.

b. Die innere Saumkante knappkantig steppen. Anfang und Ende der Naht mit Rückstichen verriegeln.

c. Die Unterkante des ersten Ärmels knapp 1 cm breit zur linken Stoffseite umbügeln. Nochmals 1 cm nach links umbügeln und feststecken.

d. Die innere Saumkante knappkantig steppen. Anfang und Ende der Naht mit Rückstichen verriegeln.

e. Den zweiten Ärmel ebenso säumen.

f. Das Oberteil auf rechts wenden und bügeln.

Zeichnung

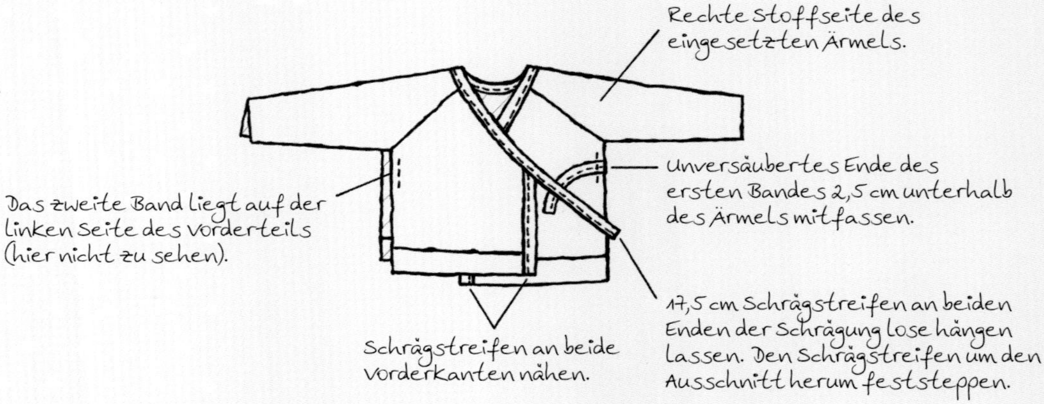

Zeichnung

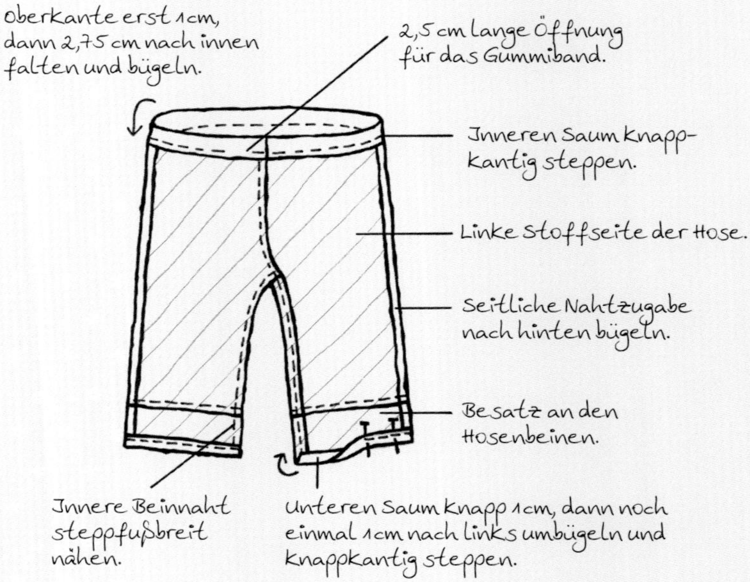

Pyjamahose – lang oder kurz

DIE ANLEITUNG GILT FÜR LANGE UND KURZE HOSENBEINE.

• SCHRITT 1 •

Den Besatz an die Hose nähen.

a. Die Kanten eines Vorderteils und eines vorderen Besatzes rechts auf rechts ausrichten und zusammenstecken. Steppfußbreit zusammennähen, Anfang und Ende der Naht mit Rückstichen verriegeln. Die Ränder der Nahtzugabe mit Zickzackstichen versäubern und nach unten bügeln.

b. Den Besatz an das zweite Vorderteil ebenso annähen.

c. Die beiden Besätze an die hinteren Hosenteile ebenso annähen.

• SCHRITT 2 •

Vorder- und Hinterteil der Hose zusammensetzen.

a. Zwei Vorderteile rechts auf rechts legen und die Kanten ausrichten. Die Schrittnaht zusammenstecken und steppfußbreit zusammennähen. Anfang und Ende der Naht mit Rückstichen verriegeln. Die Ränder der Nahtzugabe mit Zickzackstichen versäubern und zu einer Seite bügeln.

b. Die beiden hinteren Hosenteile ebenso zusammennähen.

c. Vorder- und Hinterteil der Hose ausbreiten und rechts auf rechts aufeinanderlegen. Die Seitenkanten ausrichten, stecken und steppfußbreit von oben nach unten zusammennähen. Anfang und Ende jeder Naht mit Rückstichen verriegeln. Die Ränder der Nahtzugabe mit Zickzackstichen versäubern und zum Hinterteil der Hose bügeln. (ZEICHNUNG 2)

d. Die inneren Beinnähte zusammenstecken und steppfußbreit zusammennähen. Anfang und Ende der Naht mit Rückstichen verriegeln. Die Ränder der Nahtzugabe mit Zickzackstichen versäubern und zum Hinterteil der Hose bügeln.

• SCHRITT 3 •

Den Tunnelzug nähen und das Gummiband einziehen.

a. Den oberen Rand der Hose 1 cm zur linken Stoffseite umbügeln.

b. Die gebügelte Kante 2,75 cm breit nach links umbügeln, feststecken und knappkantig feststeppen. In der hinteren Mitte 2,5 cm offen lassen. (ZEICHNUNG 2)

c. Die Sicherheitsnadel an einem Ende des Gummibandes befestigen. Die Nadel durch die Nahtöffnung in den Tunnel schieben, ringsherum führen und durch die Öffnung wieder herausziehen.
Dabei das Gummiband nicht verdrehen. Die Gummibandenden flach aufeinanderlegen und mit engen Zickzackstichen zusammennähen. Die zusammengenähten Gummibandenden in den Tunnel schieben und die Nahtöffnung knappkantig zusteppen. Die Nahtenden mit Rückstichen verriegeln.

• SCHRITT 4 •

Die Hose säumen. (ZEICHNUNG 2)

a. Die Unterkante eines Hosenbeins knapp 1 cm nach innen umschlagen und bügeln. Die Kante nochmals 1 cm nach innen umbügeln und feststecken. Saum knappkantig steppen. Anfang und Ende der Naht mit Rückstichen verriegeln.

b. Das andere Hosenbein ebenso säumen.

c. Die Hose auf rechts wenden und bügeln.

Kapitel: 3

Niedlich und bequem

* HÄNGERKLEID MIT HÖSCHEN * ZWEI SÜSSE MÜTZEN * WEICHE SCHUHE * EMPIRE-KLEIDCHEN

Egal ob Junge oder Mädchen: Auch Babys können trendy aussehen. Dass dabei die Bequemlichkeit nicht leiden darf, versteht sich von selbst. Ein lässiges Hängerkleid, eine süße Mütze, hübsche Schuhe und ein Empire-Kleid mit asiatischem Touch zeigen aller Welt, dass Ihr Baby Stil hat.

HÄNGERKLEID MIT HÖSCHEN ⇒ Anleitung: S.60

SCHWIERIGKEITSGRAD 3

SCHWIERIGKEITSGRAD 3

ZWEI SÜSSE MÜTZEN ⇒

Anleitung: S.65

WEICHE SCHUHE ⇛ Anleitung: S.72

SCHWIERIGKEITSGRAD 3

EMPIRE-KLEIDCHEN ⇒

Anleitung: S.75

SCHWIERIGKEITSGRAD 4

Hängerkleid MIT HÖSCHEN

Fertige Größe: 0–3 Monate, 3–6 Monate, 6–9 Monate, 9–12 Monate
Schwierigkeitsgrad: 3

Was trägt das modebewusste Baby in dieser Saison? Zum Beispiel ein Hängerkleid mit Fältchen und Knopfverschluss an der Schulter, genäht aus Stoffen Ihrer Wahl. Ein Höschen mit Gummizug (siehe S. 63) hält die Windel dort, wo sie hingehört.

STOFFE

Hängerkleid in Größe 0–3 und 3–6 Monate

* 35 cm (110 cm breit) mittelfester Druckstoff für Passe, Passenfutter und Bündchen
* 35 cm (120 cm breit) mittelfester Druckstoff in einem zweiten Muster für den Rock
* 35 cm (110 cm breit) leichter Nesselstoff für das Rockfutter

Hängerkleid in Größe 6–9 und 9–12 Monate

* 50 cm (110 cm breit) mittelfester Druckstoff für Passe, Passenfutter und Bündchen
* 50 cm (110 cm breit) mittelfester Druckstoff in einem zweiten Muster für den Rock
* 50 cm (110 cm breit) leichter Nesselstoff für das Rockfutter

Für die Hose (alle Größen)

* 35 cm (110 cm breit) mittelfester Druckstoff

ZUBEHÖR

Für das Hängerkleid

* Kopierrädchen und Kopierpapier
* Sicherheitsnadel, mittlere Größe
* 1 Rolle passendes Allzweck-Nähgarn
* 2 flache Zweiloch-Knöpfe, 1 cm Durchmesser
* 25 cm (6–7 mm breit) Gummiband

Für die Hose

* 1 Rolle passendes Allzweck-Nähgarn
* Sicherheitsnadel, mittlere Größe
* 70 cm (2,5 cm breit) Gummiband für die Taille
* 60 cm (6–7 mm breit) Gummiband für die Beine

Kleid

• SCHRITT 1 •

Die Schnittmusterteile zuschneiden.

Aus dem Schnittmusterbogen in der Einstecktasche vorn im Buch ausschneiden:

– Passe Vorderteil
– Passe Rückenteil
– Rock Vorderteil
– Rock Rückenteil

• SCHRITT 2 •

Alle Teile aus dem Stoff zuschneiden.

a. Die Stoffe links auf links zur Hälfte falten. Die Webkanten aufeinander ausrichten. Bei beiden Stoffen den Mittelbruch einbügeln. Die Stoffe ausbreiten und die Webkanten an den Mittelbruch legen.

b. Aus dem ersten Druckstoff:

- 2 Passen-Vorderteile im Stoffbruch (siehe Tipps Seite 13)
- 2 Passen-Rückenteile im Stoffbruch

Den ersten Stoff ausbreiten und die Maße für die Bündchen direkt auf der rechten Stoffseite anzeichnen. Die Teile auf den angezeichneten Linien zuschneiden.

- 1 vorderes Bündchen
  - 0–3 Monate: 5 x 22,5 cm
  - 3–6 Monate: 5 x 25 cm
  - 6–9 Monate: 5 x 27,5 cm
  - 9–12 Monate: 5 x 30 cm
- 1 hinteres Bündchen
  - 0–3 Monate: 5 x 25 cm
  - 3–6 Monate: 5 x 27,5 cm
  - 6–9 Monate: 5 x 30 cm
  - 9–12 Monate: 5 x 32,5 cm

c. Aus dem zweiten Druckstoff:

- 1 Rock-Vorderteil im Stoffbruch
- 1 Rock-Rückenteil im Stoffbruch

Den zweiten Stoff ausbreiten und zuschneiden:

- 1 Schlaufe: 2,5 x 5,5 cm

d. Aus dem leichten Nesselstoff für das Futter:

- 1 Rock-Vorderteil im Stoffbruch
- 1 Rock-Rückenteil im Stoffbruch

e. Aus dem schmalen Gummiband für das Rückenteil des Kleidchens:

- 1 Stück
  - 0–3 Monate: 6 cm
  - 3–6 Monate: 7,5 cm
  - 6–9 Monate: 10 cm
  - 9–12 Monate: 12,5 cm

• SCHRITT 3 •

Die Markierungen auf den Stoff übertragen.

a. Mit Schneiderkreide oder Schneider-Kopierpapier und einem Kopierrädchen alle Markierungen und Linien von den Schnittmustern auf den Stoff übertragen. Achten Sie dabei auf die richtige Größe.

b. Die Markierungen für die Falten auf die rechte Stoffseite von Rock-Vorder- und Rückenteil übertragen.

c. Die Falten ebenfalls auf Vorder- und Rückenteil des Rockfutters anzeichnen.

d. Die Knopfloch-Markierungen auf die rechte Stoffseite der äußeren Passe übertragen.

e. Nahtlinie und Punkt für den vorderen Schlitz auf die linke Seite der vorderen Passe anzeichnen.

f. Die Ansatzpunkte der Knöpfe auf der rechten Stoffseite der äußeren, hinteren Passe markieren.

Zeichnung

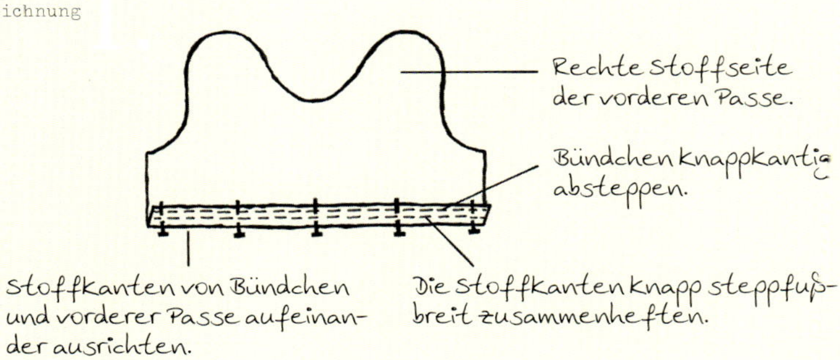

• SCHRITT 4 •

Das Bündchen an die äußere Passe setzen.

a. Den Stoffstreifen für das Bündchen links auf links längs zur Hälfte falten und bügeln. Die Längskanten an der Unterkante der vorderen Passe ausrichten und feststecken. Die Kanten mit der Maschine knapp steppfußbreit zusammenheften. Die Bruchkante des Bündchens knappkantig absteppen. Anfang und Ende der Naht mit Rückstichen verriegeln. (ZEICHNUNG 1)

b. Das Bündchen an der äußeren, hinteren Passe ebenso ansetzen.

c. Vordere und hintere Passe rechts auf rechts aufeinanderlegen. Die Seitennähte ausrichten, stecken und steppfußbreit zusammennähen. Anfang und Ende der Nähte mit Rückstichen verriegeln. Die Nahtzugaben auseinanderbügeln.

d. Die Seitennähte des vorderen und hinteren Passenfutters wie in Schritt 4c zusammensetzen.

• SCHRITT 5 •

Passe nähen.

a. Passe und Passenfutter rechts auf rechts aufeinanderlegen, die Seitennähte und alle Stoffkanten aufeinander ausrichten und feststecken.

b. Die gesamte Oberkante knappkantig absteppen: über das Rückenteil, die Schulterträger, die Armausschnitte und am Vorderteil bis zum Mittelbruch, der den vorderen Schlitz markiert. Am angezeichneten Punkt mit eingestochener Nadel wenden und die restliche Oberkante steppen. Beide Nahtenden mit Rückstichen verriegeln.

c. Alle Nahtzugaben auf 5 mm zurückschneiden. Die Nahtzugaben in den Ecken und Rundungen einschneiden, dabei aber nicht die Naht beschädigen.

d. Die Passe auf rechts wenden und die Ecken mit einer Wendehilfe herausdrücken. Die Passe bügeln.

e. Die Unterkanten von äußerer Passe und Futter aufeinander ausrichten, zusammenstecken und steppfußbreit mit der Maschine zusammenheften. Falls nötig, die Stoffkanten gerade nachschneiden.

• SCHRITT 6 •

Knöpflöcher nähen und Knöpfe annähen.

a. Auf den abgerundeten Enden der vorderen Träger gemäß der Markierung je ein Knopfloch nähen.

b. Auf die Markierungen auf der rechten Stoffseite der hinteren Träger von Hand je einen Knopf nähen.

• SCHRITT 7 •

Falten an Rock und Rockfutter einlegen und den Rock zusammennähen.

a. Das Rock-Vorderteil rechts auf rechts so falten, dass die Markierungen der ersten Falte aufeinanderliegen. Die Markierungen aufeinanderstecken und die Falte 2,5 cm neben der Bruchlinie 2 cm weit feststeppen. Beide Nahtenden mit Rückstichen verriegeln. Auf der linken Seite des Rock-Vorderteils die Falte mittig auf der kurzen Naht ausrichten und die Oberkante mit der Maschine heften.

Zeichnung

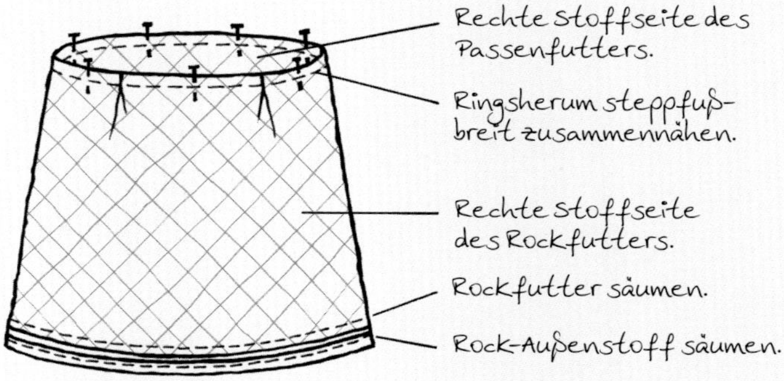

b. Die zweite Falte am Vorderteil und die beiden Falten am Rückenteil ebenso einlegen.

c. Vorder- und Rückenteil des Rocks rechts auf rechts aufeinanderlegen, die Kanten ausrichten und zusammenstecken. Beide Seitennähte steppfußbreit zusammennähen. Anfang und Ende der Naht mit Rückstichen verriegeln. Die Ränder der Nahtzugabe mit Zickzackstichen versäubern, eventuell die Nahtzugabe sauber nachschneiden.

d. Schritte 7a bis 7c wiederholen, um die Falten am Rockfutter einzulegen und dessen Vorder- und Rückenteil zusammenzusetzen.

• SCHRITT 8 •

Den Rock säumen. (ZEICHNUNG 2)

a. Die Unterkante des Rock-Außenstoffs knapp 1 cm nach links umbügeln. Nochmals 1 cm nach links umbügeln. Entlang der inneren Saumkante knappkantig steppen. Anfang und Ende der Naht mit Rückstichen verriegeln.

b. Die Futterkante genauso säumen.

• SCHRITT 9 •

Rock und Passe zusammensetzen. (ZEICHNUNG 2)

a. Rock-Außenstoff und -futter links auf links aufeinanderlegen, die Oberkanten ausrichten und zusammenstecken. Die Oberkanten mit der Maschine steppfußbreit zusammenheften.

b. Die Außenstoffe von Rock und Passe rechts auf rechts aufeinanderlegen. Die Seitennähte aufeinander ausrichten und feststecken. Die beiden Teile ringsherum steppfußbreit zusammennähen. Anfang und Ende der Naht mit Rückstichen verriegeln. Die Nahtzugabe mit Zickzackstichen versäubern, eventuell überstehenden Stoff abschneiden.

c. An der Nahtzugabe der hinteren Passe in 5 cm Abstand zu jeder Seitennaht eine Markierung anzeichnen. Das Ende des Gummibands an einer Markierung feststecken. Das Gummiband dehnen, an der anderen Markierung feststecken und mit großen Zickzackstichen feststeppen. Dabei das Gummiband gedehnt halten, so dass der Stoff flach liegt. Anfang und Ende der Naht mit Rückstichen verriegeln.

Hose

• SCHRITT 1 •

Das Schnittmuster-Teil zuschneiden.

Aus dem Schnittmusterbogen in der Einstecktasche vorn im Buch ausschneiden:

- Hose Vorderteil / Hinterteil

• SCHRITT 2 •

Alle Teile aus dem Stoff zuschneiden.

a. Den Stoff links auf links zur Hälfte falten. Die Webkanten aufeinander ausrichten.

b. Achten Sie beim Zuschnitt auf die richtige Größe. Für das Hinterteil der Hose das ganze Schnittmuster verwenden. Für das Vorderteil der Hose wird es an der markierten Schnittlinie umgefaltet.

Hinweis: Achten Sie darauf, dass Vorder- und Hinterteile der Hose jeweils gegengleich sind.

c. Aus dem Druckstoff:

- 2 x Vorderteil Hose
- 2 x Hinterteil Hose

d. Aus dem 2,5 cm breiten Gummiband für die Taille:

- 1 Stück
  - 0–3 Monate: 47,5 cm
  - 3–6 Monate: 50 cm
  - 6–9 Monate: 52,5 cm
  - 9–12 Monate: 55 cm

e. Aus dem 6–7 mm breiten Gummiband für die Beine:

- 2 Stücke
  - 0–3 Monate: je 21 cm
  - 3–6 Monate: je 22,5 cm
  - 6–9 Monate: je 24 cm
  - 9–12 Monate: je 25 cm

• SCHRITT 3 •

Die Stoffteile zusammensetzen.

a. Die beiden Hosen-Vorderteile rechts auf rechts aufeinanderlegen, die Stoffkanten ausrichten und die Teile entlang der Schrittnaht zusammenstecken. Die Schrittnaht steppfußbreit zusammennähen, Anfang und Ende der Naht mit Rückstichen verriegeln. Die Ränder der Nahtzugabe mit Zickzackstichen versäubern und zu einer Seite bügeln.

b. Die beiden Hosen-Hinterteile ebenso zusammensetzen.

c. Vorder- und Hinterhosenteile ausbreiten, rechts auf rechts aufeinanderlegen. Die Seitenkanten aufeinander ausrichten und zusammenstecken. Die gesteckten Kanten steppfußbreit zusammennähen, Anfang und Ende der Nähte mit Rückstichen verriegeln. Die Ränder der Nahtzugabe mit Zickzackstichen versäubern und zum Hinterhosenteil bügeln.

d. Die Bein-Innenkanten zusammenstecken, steppfußbreit zusammennähen und verriegeln. Die Ränder der Nahtzugabe mit Zickzackstichen versäubern und zum Hinterhosenteil bügeln.

• SCHRITT 4 •

Den oberen Tunnel nähen und das Taillengummi einziehen. (ZEICHNUNG 3)

a. Die Oberkante der Hose knapp 1 cm nach links umbügeln.

b. Dieselbe Kante nochmals knapp 3 cm nach links umbügeln und feststecken. Knappkantig entlang der inneren Saumkante absteppen, dabei an der hinteren Mittelnaht eine 2,5 cm lange Öffnung lassen.

c. Die Sicherheitsnadel an einem Ende des Gummibandes befestigen. Die Nadel in die Nahtöffnung schieben, das Gummiband durch den Tunnel und wieder durch die Öffnung hinausschieben. Dabei das Gummiband nicht verdrehen. Die Gummibandenden 1 cm überlappend aufeinandersteppen und mit Rückstichen verriegeln. Die zusammengenähten Gummibandenden in den Tunnel schieben und die Öffnung in der Naht zusteppen. Die Nahtenden verriegeln.

• SCHRITT 5 •

Die Hose säumen. (ZEICHNUNG 3)

a. Die Unterkante eines Hosenbeins 5 mm nach links umbügeln. Nochmals 3 cm nach links umbügeln und die gebügelte Kante feststecken. Knappkantig entlang der inneren Saumkante absteppen, dabei an der inneren Beinnaht eine 2,5 cm lange Öffnung lassen. Beide Nahtenden mit Rückstichen verriegeln. 1 cm neben der ersten Steppnaht nochmals absteppen, um einen Tunnel für das Gummiband zu erhalten. In dieser Naht keine Öffnung lassen.

b. Das Gummiband mit einer Sicherheitsnadel durch den Tunnel und wieder durch die Öffnung hinausschieben. Dabei das Gummiband nicht verdrehen.

c. Die Gummibandenden 1 cm überlappend aufeinandersteppen und die Nahtenden mit Rückstichen verriegeln. Die zusammengenähten Gummibandenden in den Tunnel schieben. Die Öffnung in der Naht zusteppen und verriegeln.

d. Das andere Hosenbein ebenso säumen.

e. Die Hose auf rechts wenden und bügeln.

Zeichnung

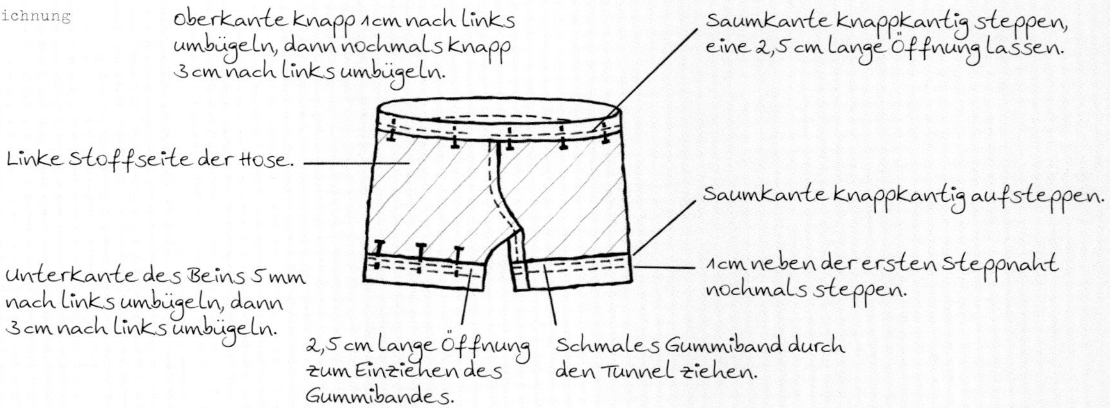

f.

zwei süsse mützen

Fertige Größe: 0–3 Monate: (35 cm); 3–6 Monate: (40 cm); 6–9 Monate: (45 cm); 9–12 Monate: (50 cm)

Schwierigkeitsgrad: 3

Bei der einfachen Mütze mit abnehmbarem Schmetterling ist ein Spielzeug immer zur Hand, und die Schirmmütze im Army-Stil lässt keinen Zweifel daran, wer hier das Kommando hat.

STOFFE

Für die Mütze mit Schmetterling

* 25 cm (110 oder 135 cm breit) mittelfester Stoff für die Außenseite
* 25 cm (110 oder 135 cm breit) mittelfester Stoff für das Futter
* 2 passende Stoffreste für den Schmetterling

Für die Mütze im Army-Stil

* 50 cm (110 oder 135 cm breit) mittelfester Stoff für die Außenseite
* 35 cm (110 oder 135 cm breit) mittelfester Stoff für das Futter

ZUBEHÖR

Für die Mütze mit Schmetterling

* Sicherheitsnadel, mittlere Größe
* 60 cm (6–7 mm breit) Gummiband
* 10 cm (2 cm breit) Klettband zum Aufnähen
* Kopierrädchen und Schneider-Kopierpapier
* 1 Rolle passendes Allzweck-Nähgarn
* Bügelkissen (nach Wunsch)
* 1 Handvoll Füllwatte

Für die Mütze im Army-Stil

* 35 cm Volumen-Vlies zum Aufbügeln (wir verwenden Thermo am Plus)
* 35 cm mittelfeste, gewebte Einlage zum Aufbügeln (wir verwenden Pellon-Stacy-Shape-Flex 101 von Freudenberg)
* 1 Rolle passendes Allzweck-Nähgarn

Mütze mit Schmetterling

• SCHRITT 1 •

Das Schnittmuster-Teil zuschneiden.

Aus dem Schnittmusterbogen in der Einstecktasche vorn im Buch ausschneiden:

– Mützenteil

• SCHRITT 2 •

Alle Teile aus dem Stoff zuschneiden.

a. Den Stoff links auf links zur Hälfte falten. Die Webkanten aufeinander ausrichten. Das Mützenteil im schrägen Fadenlauf auf den Stoff legen. Die Fadenlauf-Markierung liegt parallel zum Fadenlauf des Stoffes. Das Schnittmuster feststecken.

b. Aus dem Stoff für die Außenseite:

– 6 Mützenteile im schrägen Fadenlauf

c. Aus dem Futterstoff:

– 6 Mützenteile im schrägen Fadenlauf

d. Aus dem Gummiband:

– 1 Stück
  – 0–3 Monate: 35 cm
  – 3–6 Monate: 40 cm
  – 6–9 Monate: 45 cm
  – 9–12 Monate: 50 cm

e. Aus dem Klettband:

– 1 Stück, 5 cm

– 2 Stücke, je 2,5 cm

• SCHRITT 3 •

Die Markierungen der Klettband-Positionen übertragen und das Klettband anbringen.

a. Mit Schneiderkreide oder Schneider-Kopierpapier und Kopierrädchen die Markierungslinien für die Klettband-Plazierung vom Schnittmuster auf ein Mützenteil aus Außenstoff übertragen.

b. Die Ecken beider Klettbandseiten abrunden.

c. Die harte Seite des Klettbandes beiseitelegen. (Sie wird später am Schmetterling festgenäht.)

d. Die weiche Seite des Klettbandes entsprechend der Markierung feststecken und ringsherum mit großen Zickzackstichen festnähen. Anfang und Ende der Naht mit Rückstichen verriegeln.

• SCHRITT 4 •

Die äußeren Mützenteile zusammennähen.

(ZEICHNUNG 1)

a. Zwei äußere Mützenteile rechts auf rechts aufeinanderlegen, die Seitenkanten ausrichten und eine Seite zusammenstecken. Diese Kante steppfußbreit zusammennähen, Anfang und Ende der Naht mit Rückstichen verriegeln. Die Nahtzugaben auseinanderbügeln. Zum Bügeln der Rundung ein gefaltetes Handtuch unterlegen.

b. An einer Seite ein weiteres Mützenteil in der gleichen Weise ansetzen. Sie haben nun ein dreiteiliges Stück vor sich. Beiseitelegen.

c. Schritte 4a und 4b wiederholen, um ein zweites dreiteiliges Mützenteil zu nähen.

d. Die beiden dreiteiligen Mützenteile rechts auf rechts aufeinanderlegen und im oberen Bereich akkurat ausrichten. Die Kanten zusammenstecken, steppfußbreit zusammennähen und die Nahtenden mit Rückstichen verriegeln. Die Nahtzugaben auseinanderbügeln.

• SCHRITT 5 •

Die Futterteile zusammensetzen.

Zum Zusammennähen des Futters Schritt 4 komplett wiederholen.

• SCHRITT 6 •

Außenstoff und Futter zusammennähen. (ZEICHNUNG 2)

a. Außenstoff und Futter rechts auf rechts aufeinanderlegen, die Nähte aufeinander ausrichten und die unversäuberten Unterkanten zusammenstecken. Die Unterkanten steppfußbreit zusammennähen. Dabei eine 7,5 cm lange

Wendeöffnung lassen. Anfang und Ende der Naht mit Rückstichen verriegeln.

b. Die Mütze auf rechts wenden, das Futter in die Mütze schieben. Die Nahtzugaben an der Öffnung knapp 1 cm nach innen einschlagen und zustecken. Bügeln.

c. In reichlich 1 cm Abstand zur Unterkante einmal rings um die Mütze steppen, um einen Tunnel für das Gummiband zu erhalten. Beide Nahtenden mit Rückstichen verriegeln. Die Stecknadeln von der Nahtöffnung entfernen.

• SCHRITT 7 •

Das Gummiband einziehen.

a. Die Sicherheitsnadel an einem Ende des Gummibandes befestigen. Die Nadel in die Nahtöffnung schieben, das Gummiband durch den Tunnel und wieder durch die Öffnung hinausschieben. Dabei das Gummiband nicht verdrehen.

b. Die Gummiband-Enden 1 cm überlappend aufeinandersteppen und verriegeln. Die zusammengenähten Gummiband-Enden in den Tunnel schieben und die Öffnung in der Naht von Hand mit überwendlichen Stichen schließen.

Zeichnung

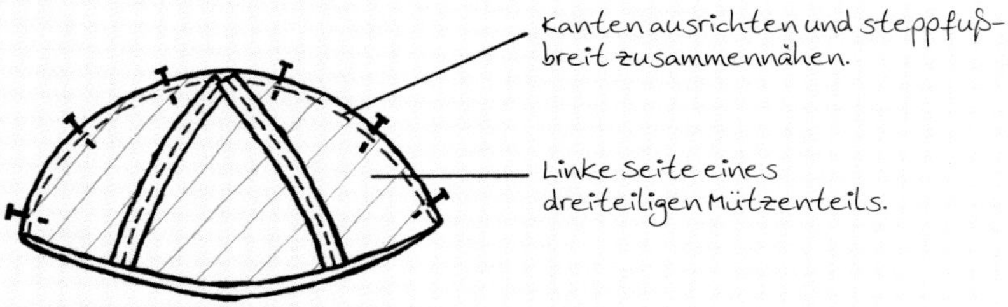

Zeichnung

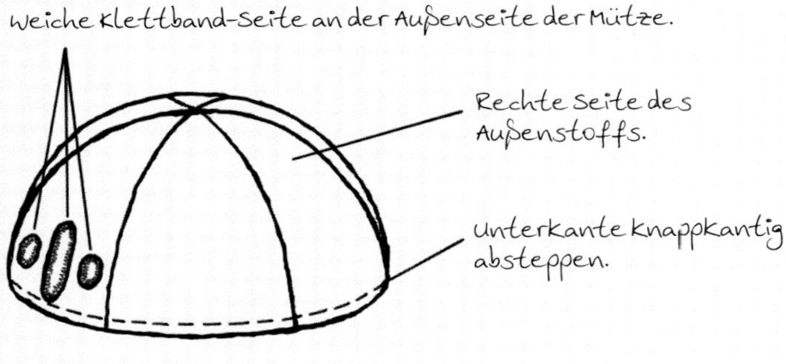

Schmetterling

Hinweis: Alle Nahtzugaben betragen 6–7 mm.

• SCHRITT 1 •

Die Schnittmusterteile zuschneiden.

Aus dem Schnittmusterbogen in der Einstecktasche vorn im Buch ausschneiden:

- Oberer Flügel
- Unterer Flügel
- Körper

• SCHRITT 2 •

Alle Teile aus dem Stoff zuschneiden.

a. Den Stoff links auf links der Länge nach zur Hälfte falten. Anhand der Schnittmuster die Teile zuschneiden:

b. Aus dem ersten Stoffrest:

- 4 obere Flügel
- 4 untere Flügel

c. Aus dem zweiten Stoffrest:

- 2 Körper

• SCHRITT 3 •

Obere und untere Flügel zusammennähen.

a. Je einen oberen und unteren Flügel rechts auf rechts aufeinanderlegen. Die zur Mitte zeigenden Kanten ausrichten und zusammenstecken. Knappkantig zusammennähen und verriegeln. Die Nahtzugaben nach unten bügeln.

b. Die drei anderen Flügel ebenso zusammensetzen.

• SCHRITT 4 •

Die Flügel an den Körper setzen.

a. Den Schmetterlingskörper quer zur Hälfte falten, dabei die abgerundeten Enden aufeinander ausrichten. Den Mittelbruch einbügeln.
Einen zusammengesetzten Flügel und den Körper rechts auf rechts aufeinanderlegen. Dabei liegt die Flügel-Mittelnaht am Mittelbruch des Körpers. Die Teile zusammenstecken, knappkantig zusammennähen und verriegeln. Die Nahtzugabe zum Flügel bügeln.

b. Den zweiten Flügel rechts auf rechts an der anderen Seite des Körpers anlegen und stecken. Nur oben und unten etwa 1 cm weit zusammennähen. Die restliche Naht bleibt zum Wenden und Ausstopfen des Schmetterlings offen.
Die anderen beiden Flügel ebenso an das andere Körperteil ansetzen. Hier lassen Sie jedoch keine Öffnung in der Naht.

• SCHRITT 5 •

Das Klettband am Schmetterling anbringen.

a. Die Rückseite des Schmetterlings (mit der Öffnung in der Naht) mittig auf dem Klettband an der Mütze ausrichten. Die Positionen für das Klettband auf den Flügeln anzeichnen. Das 5 cm lange Stück Klettband (harte Seite) mittig auf dem Körper feststecken. Dann die 2,5 cm langen Stücke Klettband auf den Markierungen auf den Flügeln feststecken.

b. Die Klettband-Stücke mit großen Zickzackstichen ringsherum feststeppen. Anfang und Ende der Naht mit Rückstichen verriegeln.

• SCHRITT 6 •

Vorder- und Rückseite zusammensetzen.

a. Vorder- und Rückseite des Schmetterlings rechts auf rechts aufeinanderlegen und die Außenkanten sauber ausrichten. Ringsherum knappkantig zusammensteppen, dabei an engen Ecken mit eingestochener Nadel wenden. Anfang und Ende der Naht mit Rückstichen verriegeln. (ZEICHNUNG 3)

b. Die Nahtzugaben an den Flügeln und an beiden Körperenden einschneiden, dabei nicht in die Naht schneiden.

• SCHRITT 7 •

Den Schmetterling ausstopfen.

a. Durch die in Schritt 4 offen gelassene Naht den Schmetterling wenden. Flügel und Körper mit einer Wendehilfe herausdrücken. Den Schmetterling bügeln.

b. Etwas Füllwatte in den Schmetterling schieben – aber nicht zu fest ausstopfen. Die Öffnung zustecken.

c. Die Öffnung mit überwendlichen Stichen schließen.

d. Die Nähte seitlich am Körper auf Vorder- und Rückseite aufeinander ausrichten, zusammenstecken und im Nahtschatten absteppen. Anfang und Ende verriegeln.

Zeichnung

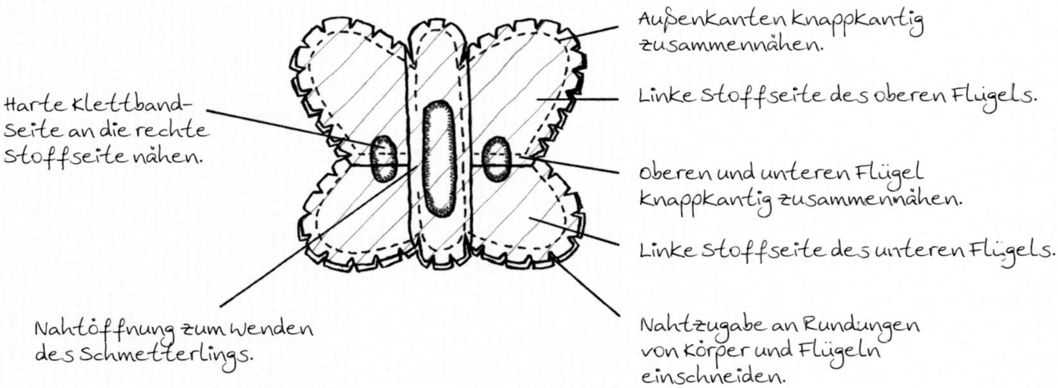

Zeichnung

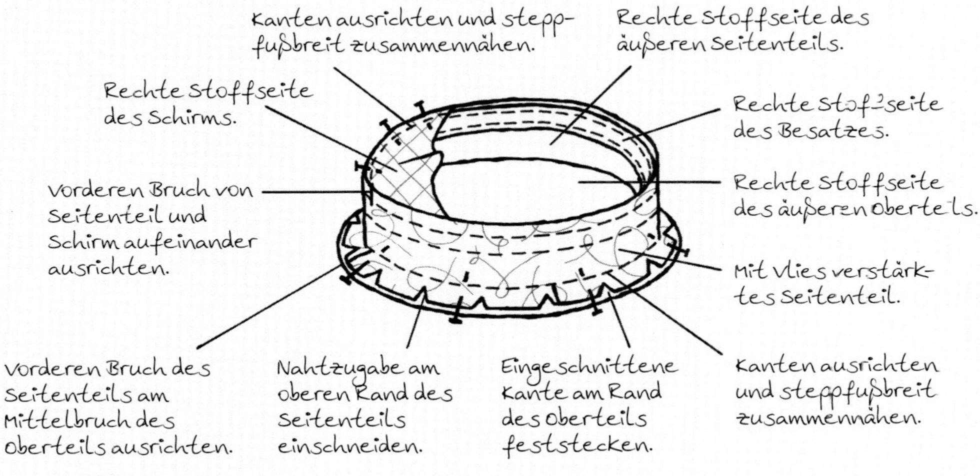

Mütze im Army-Stil

• SCHRITT 1 •

Die Schnittmusterteile zuschneiden.

Aus dem Schnittmusterbogen in der Einstecktasche vorn im Buch ausschneiden:

- Oberteil
- Schirm

• SCHRITT 2 •

Alle Teile aus dem Stoff zuschneiden.

a. Den Stoff ausbreiten. Beide Webkanten 15 cm nach links umfalten und die Brüche einbügeln. Die Schnittmusterteile auflegen und die unten angegebenen Maße direkt auf der rechten Stoffseite anzeichnen. Die Teile auf den angezeichneten Linien zuschneiden.

b. Aus dem Oberstoff:

- Oberteil im Stoffbruch (siehe Tipps Seite 13)
- 2 x Schirm im Stoffbruch

Den Oberstoff ausbreiten und zuschneiden:

- 1 Seitenteil
  - 0–3 Monate: 37,5 x 7 cm
  - 3–6 Monate: 42,5 x 7,5 cm
  - 6–9 Monate: 47,5 x 8 cm
  - 9–12 Monate: 54 x 9 cm
- 1 Beleg
  - 0–3 Monate: 37,5 x 5,5 cm
  - 3–6 Monate: 42,5 x 6 cm
  - 6–9 Monate: 47,5 x 7 cm
  - 9–12 Monate: 54 x 7,5 cm

c. Aus dem Futterstoff:

- 1 Oberteil im Stoffbruch

Den Futterstoff ausbreiten und zuschneiden:

- 1 Seitenteil
  - 0–3 Monate: 37,5 x 7 cm
  - 3–6 Monate: 42,5 x 7,5 cm
  - 6–9 Monate: 47,5 x 8 cm
  - 9–12 Monate: 54 x 9 cm

d. Aus dem Volumen-Vlies:

- 1 Oberteil im Stoffbruch
- 1 Schirm im Stoffbruch

Das Vlies ausbreiten und zuschneiden:

- 1 Seitenteil
  - 0–3 Monate: 37,5 x 7 cm
  - 3–6 Monate: 42,5 x 7,5 cm
  - 6–9 Monate: 47,5 x 8 cm
  - 9–12 Monate: 54 x 9 cm

e. Aus der Aufbügel-Einlage:

- 1 Oberteil im Stoffbruch
- 1 Schirm im Stoffbruch

Die Einlage ausbreiten und zuschneiden:

- 1 Seitenteil
  - 0–3 Monate: 37,5 x 7 cm
  - 3–6 Monate: 42,5 x 7,5 cm
  - 6–9 Monate: 47,5 x 8 cm
  - 9–12 Monate: 54 x 9 cm

• SCHRITT 3 •

Die Einlagen aufbügeln.

a. Oberteil, Seitenteil und ein Schirmteil aus Außenstoff mit der linken Stoffseite nach unten auf die beschichtete Seite der Einlage legen und entsprechend der Hersteller-Anweisung aufbügeln.

b. Die mit Einlage verstärkte Seite von Ober- und Seitenteil sowie die linke Stoffseite des zweiten Schirmteils auf die beschichtete Seite des Volumen-Vlies legen und entsprechend der Hersteller-Anweisung aufbügeln.

• SCHRITT 4 •

Den Schirm nähen.

a. Beide Schirmteile rechts auf rechts aufeinanderlegen, die gerundeten Außenkanten ausrichten und zusammenstecken. Die Außenrundung steppfußbreit zusammennähen, Anfang und Ende der Naht mit Rückstichen verriegeln. Die Nahtzugabe auf 5 mm zurückschneiden und entlang der Rundung in Abständen von 1 cm einschneiden.

b. Den Schirm auf rechts wenden und die Rundung herausdrücken. Die unversäuberten Innenkanten aufeinander ausrichten, zusammenstecken und den Schirm bügeln.

c. Die Innenkanten mit der Maschine steppfußbreit zusammenheften. Die Nahtzugaben im Bereich der Rundung einknipsen.

• SCHRITT 5 •

Den Besatz ans Seitenteil nähen.

a. Den Besatz links auf links längs zur Hälfte falten und die Bruchkante bügeln. Den Besatz rechts auf rechts an die Unterkante des Seitenteils anlegen und feststecken. Die Kanten knapp steppfußbreit mit der Maschine zusammenheften. Die Stoffkanten gerade schneiden.

b. Die Bruchkante des Besatzes knappkantig absteppen. Die Naht mit Rückstichen verriegeln.

• SCHRITT 6 •

Das Seitenteil ans Oberteil setzen.

a. Das Seitenteil rechts auf rechts zur Hälfte falten und die Schmalseiten aufeinander ausrichten. Den Mittelbruch einbügeln. Das gedoppelte Teil nochmals zur Hälfte falten und wieder den Bruch einbügeln.

b. Das Seitenteil einmal aufklappen – die Schmalseiten liegen weiterhin aufeinander. Die Schmalseiten zusammenstecken, steppfußbreit zusammennähen und die Naht mit Rückstichen verriegeln. Die Nahtzugaben auseinanderbügeln. Rechts und links 1 cm neben der Mittelnaht absteppen. Die Nahtenden verriegeln.

c. 1 cm unterhalb der Oberkante des Seitenteils eine Verstärkungsnaht steppen. Den oberen Stoffrand in Abständen von 1–2 cm einschneiden.

d. Das Oberteil erst längs, dann quer zur Hälfte falten und die Brüche einbügeln, um Viertel zu markieren.

e. Oberteil und Seitenteil rechts auf rechts aufeinanderlegen. Die Mittelnaht des Seitenteils am hinteren Bruch des Oberteils ausrichten, die übrigen Brüche (Viertel-Markierungen) ebenfalls aufeinanderlegen. Das Seitenteil rings um den Rand des Oberteils feststecken. Steppfußbreit rundherum feststeppen, die Nahtenden mit Rückstichen verriegeln. Die Nahtzugabe zum Seitenteil bügeln.
(ZEICHNUNG 4, SEITE 69)

f. Die Oberkante des Seitenteils knappkantig absteppen, Anfang und Ende der Steppnaht mit Rückstichen verriegeln.

• SCHRITT 7 •

Den Schirm an Seitenteil setzen.

a. Den Schirm quer zur Hälfte falten und an der unversäuberten Innenrundung den Mittelbruch einbügeln. Schirm und Seitenteil rechts auf rechts aufeinanderlegen, dabei die Brüche aufeinander ausrichten. Feststecken

b. Die Innenrundung des Schirms steppfußbreit ansteppen. Anfang und Ende der Naht mit Rückstichen verriegeln. Bügeln.

• SCHRITT 8 •

Das Futter nähen und einsetzen.

a. Das Futter entsprechend der Anleitung in Schritt 6 nähen.

b. Die äußere Mütze auf rechts und das Futter auf links drehen. Das Futter über die Mütze legen. Hintere Mittelnähte und vorn eingebügelte Brüche aufeinander ausrichten. Die Unterkanten zusammenstecken und steppfußbreit zusammennähen, dabei aber an einer Seite eine 10 cm lange Öffnung lassen. Die Nahtenden mit Rückstichen verriegeln.

c. Die Mütze durch die 10 cm lange Öffnung auf rechts wenden. Das Futter in die Mütze schieben und bügeln. Die Nahtzugaben an der Öffnung knapp 1 cm breit nach innen einschlagen, zustecken und von Hand mit überwendlichen Stichen zunähen. Die Unterkante bügeln.

d. Das Seitenteil des Futters glatt in die Mütze legen. Außenstoff und Innenfutter zusammenstecken und die Teile im Nahtschatten entlang der Oberkante des Besatzes zusammensteppen. Die Unterkante des Besatzes ringsherum feststeppen und die Nahtenden verriegeln.

g.

weiche schuhe

Fertige Größe: 0–3 Monate, 3–6 Monate, 6–9 Monate, 9–12 Monate
Schwierigkeitsgrad: 3

Diese unglaublich weichen Stoffschuhe lassen sich ganz bequem von vorn anziehen, denn die witzigen »Gamaschen« werden mit Klettband geschlossen.

STOFFE

* 25 cm (110 oder 135 cm breit) mittelfester Stoff für die Außenseite
* 25 cm (110 oder 135 cm breit) mittelfester Stoff für das Futter

ZUBEHÖR

* 25 cm (110 cm breit) Volumen-Vlies zum Aufbügeln (wir verwenden Thermolam Plus)
* 50 cm (50 cm breit) mittelfeste, gewebte Einlage zum Aufbügeln (wir verwenden Pellon-Stacy-Shape-Flex 101 von Freudenberg)
* 5 cm (2 cm breit) Klettband zum Aufnähen
* Kopierrädchen und Schneider-Kopierpapier
* 1 Rolle passendes Allzweck-Nähgarn

• SCHRITT 1 •

Die Schnittmusterteile zuschneiden.

a. Aus dem Schnittmusterbogen in der Einstecktasche vorn im Buch ausschneiden:
– Oberteil
– Sohle

b. Die Schnittmusterteile in der gewünschten Größe ausschneiden oder durchpausen und das Original zur späteren Verwendung aufbewahren.

• SCHRITT 2 •

Alle Teile aus dem Stoff zuschneiden.

a. Den Stoff der Länge nach links auf links falten, die Webkanten aufeinander ausrichten. Die Teile anhand der Schnittmuster zuschneiden.

b. Aus dem Oberstoff
– 2 Oberteile
– 2 Sohlen

c. Aus dem Futterstoff
– 2 Oberteile
– 2 Sohlen

d. Aus dem Volumen-Vlies:
– 2 Oberteile
– 4 Sohlen

e. Aus der Aufbügel-Einlage:
– 2 Oberteile
– 2 Sohlen

f. Aus dem Klettband:
– 2 Stücke, je 2,5 cm lang

Die Ecken aller Klettbandteile (weiche und harte Seite) abrunden.

• SCHRITT 3 •

Markierungen vom Schnittmuster auf den Stoff übertragen.

Mit Schneiderkreide oder Schneider-Kopierpapier und einem Kopierrädchen die Linien und Markierungen von den Schnittmustern auf die Stoffteile übertragen. Achten Sie dabei auf die richtige Größe.

Auf dem Oberteil:

– Die Positonsmarkierung für das Klettband (weiche Seite) auf die rechte Stoffseite des ersten äußeren Oberteils übertragen.
– Das Schnittmuster umdrehen, so dass die Beschriftung zur rechten Stoffseite zeigt. Die Positionsmarkierung für das Klettband (weiche Seite) auf das zweite äußere Oberteil übertragen.
– Die Markierung für die harte Klettband-Seite auf der rechten Stoffseite des ersten Futter-Oberteils anzeichnen.
– Das Schnittmuster umdrehen, so dass die Beschriftung zur rechten Stoffseite zeigt, und die Markierung für die harte Klettband-Seite auf dem zweiten Futter-Oberteil anzeichnen.
– Die Markierungen A und B auf die rechte Stoffseite der beiden äußeren Oberteile übertragen, um die Überlappung des Vorderteils zu kennzeichnen.
– Die Markierungen für die vordere und hintere Mitte auf die linke Stoffseite der beiden Futter-Oberteile übertragen.

Auf der Sohle:

– Markierung C auf die rechte Seite der ersten äußeren Sohle zeichnen. Dann das Schnittmuster umdrehen, so dass die Beschriftung zur rechten Stoffseite zeigt, und die Markierung auf der zweiten Sohle anbringen.

• SCHRITT 4 •

Die Einlagen aufbügeln.

a. Die äußeren Oberteile und Sohlen auf die entsprechenden Einlageteile legen. Dabei zeigt der Stoff mit der linken Seite nach unten, die Einlage mit der beschichteten Seite nach oben. Gemäß Herstelleranweisung aufbügeln.

b. Die verstärkten Oberteile und Sohlen mit der linken Seite nach unten auf die beschichtete Seite des Volumen-Vlies legen. Gemäß Hersteller-Anweisung aufbügeln.

c. Von den beiden anderen Vlies-Sohlen ringsherum 1 cm abschneiden.

d. Die beschichtete Seite der beschnittenen Vliessohlen entsprechend der Hersteller-Anweisung auf die linke Seite der Futtersohlen bügeln.

• SCHRITT 5 •

Das Klettband ans Oberteil nähen.

a. Auf der rechten Stoffseite des ersten äußeren Oberteils ein 2,5 cm langes Stück Klettband (weiche Seite) auf der Markierung feststecken. Mit großen Zickzackstichen ringsherum aufnähen, die Nahtenden mit Rückstichen verriegeln. Ein weiteres Stück Klettband (weiche Seite) auf dem zweiten äußeren Oberteil annähen.

b. Auf der rechten Stoffseite des ersten Futter-Oberteils ein 2,5 cm langes Stück Klettband (harte Seite) auf der Markierung feststecken. Mit großen Zickzackstichen ringsherum aufnähen, die Nahtenden mit Rückstichen verriegeln. Ein weiteres Stück Klettband (harte Seite) auf dem zweiten Futter-Oberteil annähen.

• SCHRITT 6 •

Das Oberteil nähen.

a. Ein Oberteil und das entsprechende Futter rechts auf rechts aufeinanderlegen und die Kanten zusammenstecken. In der unteren, linken Ecke des Oberteils beginnend, steppfußbreit aufwärts, um die vordere Klappe und entlang der vorderen Mitte bis zur oberen rechten Ecke nähen. Anfang und Ende der Naht mit Rückstichen verriegeln. Die Nahtzugabe auf 5 mm zurückschneiden und im Bereich der Rundungen einknipsen.

b. Das Oberteil auf rechts wenden, die Rundung sorgfältig herausdrücken. Das Oberteil bügeln. Die unversäuberten Kanten ausrichten und zusammenstecken.

c. Auf dem Oberteil die Markierung A auf Markierung B legen und feststecken. Die harten Klettband-Stücke auf die weichen drücken.

d. Rings um die Unterkante steppfußbreit eine Verstärkungsnaht steppen. Die Nahtenden mit Rückstichen verriegeln. Die Nahtzugabe in Abständen von 1–2 cm einschneiden.

• SCHRITT 7 •

Die Oberteile an die Sohlen nähen.

a. Das Oberteil umdrehen, so dass das Futter nach außen zeigt.

b. Äußeres Oberteil und äußere Sohle rechts auf rechts aufeinanderlegen. Die Markierungen für vordere und hintere Mitte aufeinander ausrichten und feststecken. Die Markierung A/B am Oberteil an der Markierung C auf der Sohle ausrichten. Ebenfalls feststecken. Nun die Kante des Oberteils an die der Sohle stecken. Steppfußbreit zusammennähen und verriegeln. (ZEICHNUNG 1)

c. Die Nahtzugabe auf 5 mm zurückschneiden und im Bereich der vorderen und hinteren Rundung einschneiden. Dabei aber nicht in die Naht schneiden.

d. Ein Handtuch fest aufrollen und ein Ende in den Schuh schieben. Die Nahtzugabe mit zur Sohle bügeln.

• SCHRITT 8 •

Das Sohlenfutter im Inneren annähen.

a. Das Sohlenfutter 1 cm zur Vlies-Seite umschlagen und die Kante bügeln. Die unversäuberte Stoffkante feststecken und mit der Maschine heften.

b. Der Schuh ist noch auf links gedreht. Die Futtersohle mit der Vliesseite nach unten auf die Sohle des Oberstoffs stecken. Vordere und hintere Mittelmarkierung ausrichten und feststecken. Dann die restlichen Ränder der Sohle feststecken.

c. Die umgebügelte Kante von Hand mit überwendlichen Stichen festnähen.

d. Den Heftfaden aus der Futtersohle entfernen.

e. Den Schuh auf rechts wenden und die Kanten bügeln.

• SCHRITT 9 •

Den zweiten Schuh gemäß den Anleitungen in Schritt 6 bis 8 gegengleich nähen.

Zeichnung 1

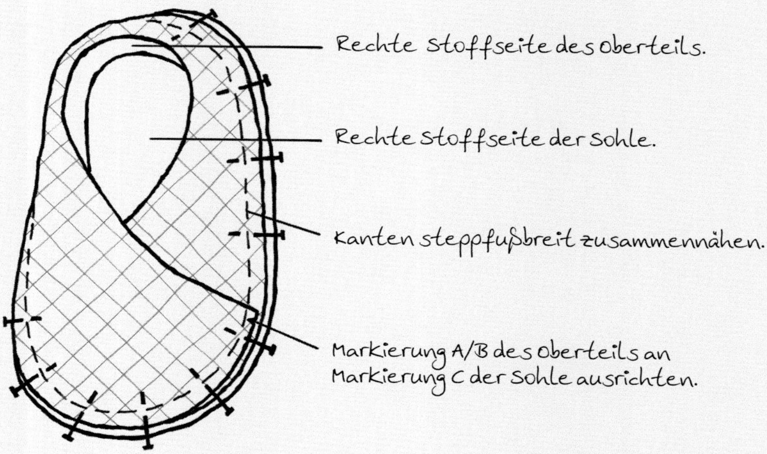

h.

Empire-Kleidchen

Fertige Größe: 0–3 Monate, 3–6 Monate, 6–9 Monate, 9–12 Monate

Schwierigkeitsgrad: 4

Die kleine Prinzessin regiert die Familie – ganz sicher in diesem niedlichen Kleid im asiatischen Stil. Das bequeme Kleid mit V-Ausschnitt, Schleife und einem Knopf im Rücken lässt sich schnell und leicht anziehen. Und mit einem passenden Höschen (siehe Seite 63) wird es perfekt.

STOFFE

Für Größen 0–3 und 3–6 Monate

* 35 cm (110 cm breit) mittelfester Druckstoff für Oberteil und Futter
* 70 cm (110 cm breit) mittelfester Druckstoff in einem zweiten Muster für Unterteil, Ärmel, Besatz und Schleife

Für Größen 6–9 und 9–12 Monate

* 50 cm (110 cm breit) mittelfester Druckstoff für Oberteil und Futter
* 70 cm (110 cm breit) mittelfester Druckstoff in einem zweiten Muster für Unterteil, Ärmel, Besatz und Schleife

ZUBEHÖR

* Kopierrädchen und Schneider-Kopierpapier
* 1 Rolle passendes Allzweck-Nähgarn
* Knopf mit Öse, 1 cm Durchmesser
* 35 cm (6–7 mm breit) Gummiband

HINWEIS

* Eine Anleitung zum Nähen der Hose finden Sie auf Seite 63.

• SCHRITT 1 •

Die Schnittmusterteile zuschneiden.

Aus dem Schnittmusterbogen in der Einstecktasche vorn im Buch ausschneiden:

– Vorderes und hinteres Oberteil
– Vorderer und hinterer Besatz

• SCHRITT 2 •

Alle Teile aus dem Stoff zuschneiden.

a. Den Stoff links auf links zur Hälfte falten und die Webkanten aufeinander ausrichten. Verwenden Sie dazu die Papier-Schnittmuster und achten Sie auf die richtige Größe.

b. Aus dem ersten Druckstoff:

– 2 x vorderes Oberteil im Stoffbruch (siehe Tipps Seite 13)
– 4 x hinteres Oberteil

c. Aus dem zweiten Druckstoff:

– 1 x vorderer Besatz im Stoffbruch
– 2 x hinterer Besatz

Hinweis: Achten Sie beim hinteren Oberteil und Besatz auf die Gegengleichheit.

d. Die Maße für die folgenden Teile zeichnen Sie in der gewünschten Größe direkt auf der rechten Seite des zweiten Druckstoffs an. Dann die Teile auf den angezeichneten Linien zuschneiden:

- 2 x Unterteil
  - 0–3 Monate: 36 x 30,5 cm
  - 3–6 Monate: 37,5 x 32,5 cm
  - 6–9 Monate: 39 x 34,5 cm
  - 9–12 Monate: 40 x 36 cm
- 2 x Ärmel
  - 0–3 Monate: 26 x 25,5 cm
  - 3–6 Monate: 29 x 27 cm
  - 6–9 Monate: 31 x 28 cm
  - 9–12 Monate: 34 x 29,5 cm

Den Stoff ausbreiten und zuschneiden:

- 1 Band: 3 x 40 cm
- 1 Schlaufe: 2,5 x 5,5 cm

e. Aus dem Gummiband für vorderes und hinteres Oberteil:

- 2 Stücke
  - 0–3 Monate: je 6 cm
  - 3–6 Monate: je 7,5 cm
  - 6–9 Monate: je 10 cm
  - 9–12 Monate: je 12,5 cm

• SCHRITT 3 •

Die Markierungen vom Schnittmuster auf den Stoff übertragen.

a. Mit Schneiderkreide oder Schneider-Kopierpapier und einem Kopierrädchen die Markierungen vom Schnittmuster auf den Stoff übertragen. Achten Sie dabei auf die richtige Größe.

b. Auf der linken Stoffseite an beiden Seiten des vorderen Unterteils 9 cm über der Unterkante das Ende des Schlitzes markieren.

c. Die Punktmarkierung auf die rechte Seite des vorderen Besatzes übertragen.

d. Den Punkt auch auf der linken Seite des Vorderteils anzeichnen.

e. Auf der linken Seite des hinteren Oberteils in der Mitte eine Markierung für den Nahtanfang anbringen.

• SCHRITT 4 •

Das Oberteil nähen.

a. Die beiden hinteren Oberteile rechts auf rechts aufeinanderlegen und entlang der rückwärtigen Mitte zusammenstecken. An der in Schritt 3e angezeichneten Markierung beginnend die Unterkanten steppfußbreit zusammennähen. Anfang und Ende der Naht mit Rückstichen verriegeln. Die Nahtzugaben auseinanderbügeln.

b. Vorderes und hinteres Oberteil rechts auf rechts aufeinanderlegen. Die Schultern aufeinander ausrichten und zusammenstecken. Die Schulternähte steppfußbreit steppen und die Nahtenden verriegeln. Die Nahtzugaben auseinanderbügeln.

c. Das Futter gemäß Schritt 4a und 4b nähen. Beiseitelegen.

• SCHRITT 5 •

Den Besatz nähen und ans Oberteil setzen.

(ZEICHNUNG 1)

a. Vorderen und hinteren Besatz rechts auf rechts aufeinanderlegen. Die Schulterkanten ausrichten, zusammenstecken und steppfußbreit zusammennähen. Anfang und Ende der Naht mit Rückstichen verriegeln. Die Nahtzugaben auseinanderbügeln.

b. Rings um die Außenseite des Besatzes mit der Maschine steppfußbreit heften.

c. Entlang der Heftlinie den Stoff 1 cm zur linken Stoffseite falten und umbügeln.

d. Die linke Seite des Besatzes auf die rechte Seite des Oberteils legen. Die Ausschnittkanten aufeinander ausrichten und feststecken. Mit der Maschine knapp steppfußbreit zusammenheften, dabei an der Punktmarkierung in der vorderen Ausschnittmitte mit eingestochener Nadel wenden. Die umgebügelte Außenkante knappkantig absteppen und verriegeln. Zur Dekoration nochmals steppfußbreit neben der ersten Stepplinie absteppen. Wieder beide Nahtenden mit Rückstichen verriegeln.

Zeichnung

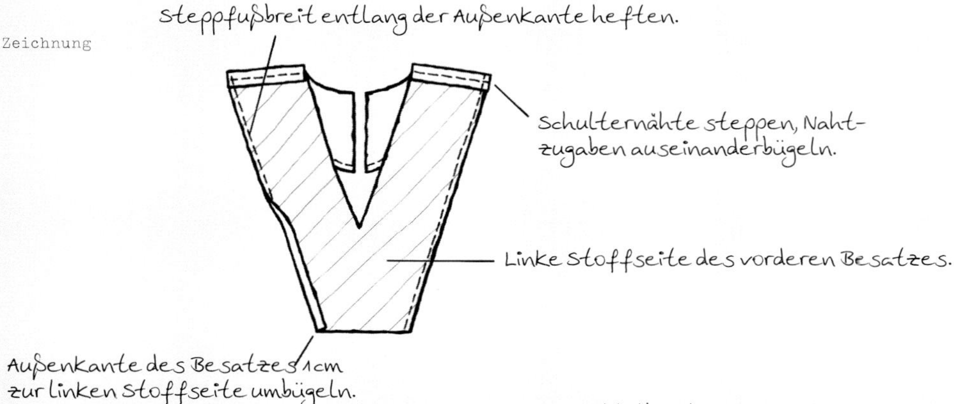

Zeichnung

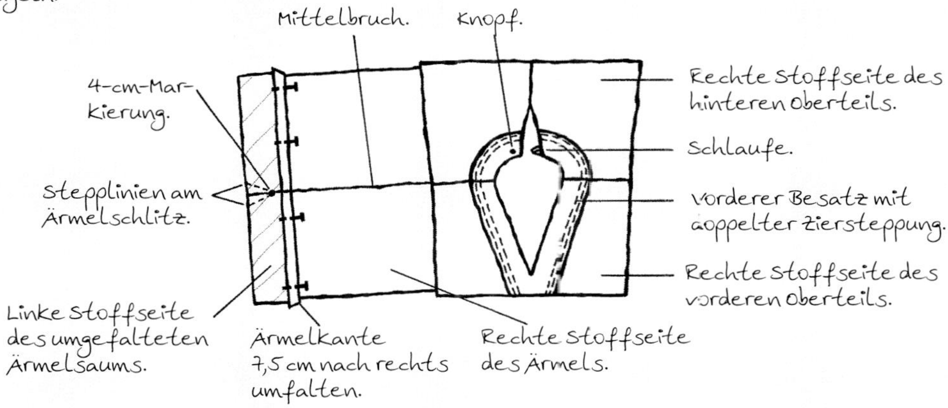

Zeichnung

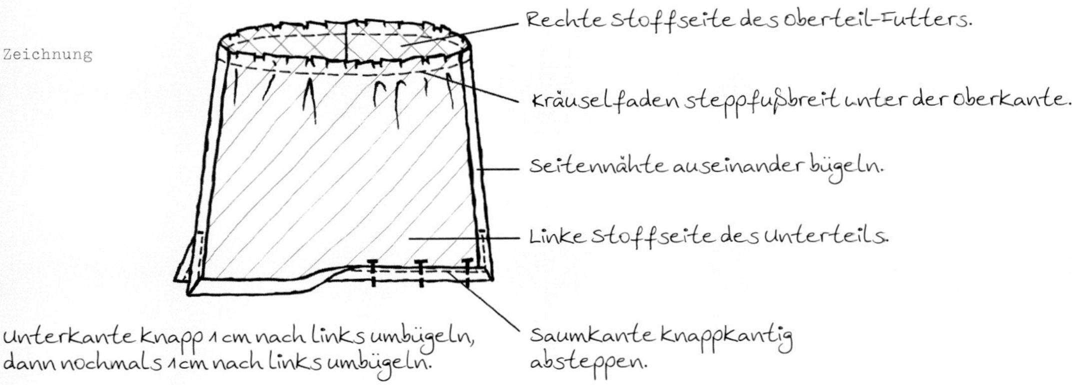

• SCHRITT 6 •

Die Schlaufe nähen und ans Oberteil setzen.

a. Die Schlaufe gemäß der Anleitung für ein Zugband (siehe Seite 172) nähen.

b. Die fertige Schlaufe zur Hälfte falten, die Enden aufeinander ausrichten. Die Schlaufenenden nebeneinander auf der rechten Stoffseite des Rückenteils 1 cm unter der Oberkante aufstecken und mit der Maschine festheften.

• SCHRITT 7 •

Das Futter ins Oberteil nähen.

a. Äußeres Oberteil und Futter rechts auf rechts aufeinanderlegen. Die Ausschnittkanten und die rückwärtige Mittelnaht aufeinander ausrichten und feststecken. An der in Schritt 3e angezeichneten Markierung in der hinteren Mitte beginnend steppfußbreit nähen. 1 cm vor der hinteren Ausschnittkante anhalten, mit eingestochener Nadel wenden, dann um den Ausschnitt bis zur vorderen Mittelmarkierung steppen. Wieder mit eingestochener Nadel wenden, die andere Ausschnittseite steppen. 1 cm vor der hinteren Ausschnittecke erneut wenden, dann bis zur zweiten Markierung in der hinteren Mitte steppen. Die Nahtenden mit Rückstichen verriegeln.

b. Die Ecken der Nahtzugaben schräg abschneiden. Die Nahtzugaben auf 5 mm zurückschneiden und im Bereich der Rundungen und engen Ecken einschneiden. Auch an den Anfangs- und Endpunkten der Stepplinie die Nahtzugabe einknipsen. Keinesfalls die Naht selbst beschädigen. Die Nahtzugaben am hinteren Futter ebenfalls einschneiden.

c. Das Oberteil auf rechts wenden, hintere Mittelnähte und Unterkanten aufeinander ausrichten. Die Ecken mit einer Wendehilfe herausdrücken. Die Nähte flach bügeln.

d. Die unversäuberten Kanten zusammenstecken und knapp steppfußbreit mit der Maschine zusammenheften.

e. Die oberen Ecken des Oberteils exakt ausrichten, dabei zeigt die rechte Stoffseite nach außen. Gegenüber der Schlaufe die Position für den Knopf anzeichnen.

f. Den Knopf von Hand annähen.

• SCHRITT 8 •

Die Ärmel ans Oberteil setzen und säumen.

a. Den ersten Ärmel rechts auf rechts der Länge nach zur Hälfte falten. Den Mittelbruch einbügeln und den Ärmel wieder ausbreiten.

b. Die Oberkante des Ärmels rechts auf rechts an die linke Seitenkante des Oberteils legen. Schulternaht und Mittelbruch aufeinander ausrichten. Die Kanten zusammenstecken und steppfußbreit steppen. Anfang und Ende der Naht mit Rückstichen verriegeln. Die Ränder der Nahtzugabe mit Zickzackstichen versäubern. Überstehende Nahtzugaben sauber abschneiden.

c. Die Unterkante des Ärmels knapp 1 cm nach links umbügeln.

d. Dieselbe Kante 7,5 cm zur rechten Stoffseite falten und den Bruch einbügeln. Die Kante feststecken. 3 mm oberhalb und unterhalb des Bruches je eine Markierung anzeichnen. Eine Markierung auf dem Mittelbruch in 4 cm Abstand zur Unterkante anbringen. Nun von einer 3-mm-Markierung zur 4-cm-Markierung steppen, dort mit eingestochener Nadel wenden und zurück zur zweiten 3-mm-Markierung steppen. Anfang und Ende der Naht mit Rückstichen verriegeln. (ZEICHNUNG 2)

e. Den Stoff zwischen den beiden Stepplinien einschneiden, aber dabei nicht die Naht beschädigen.

f. Das Ärmelende auf rechts wenden. Die Ecken mit einer Wendehilfe vorsichtig herausdrücken. Den Ärmel bügeln.

g. Vorderes und hinteres Oberteil rechts auf rechts aufeinanderlegen, dabei den Ärmel längs in der Mitte falten. Die Stoffkanten aufeinander ausrichten und zusammenstecken. Nun die Ärmelnaht steppfußbreit nähen. An der Ärmel-Ansatznaht wenden und anschließend die Seitennaht des Oberteils steppen. Die Nahtenden mit Rückstichen verriegeln. Die Nahtzugabe an der Ärmel-Ansatznaht einschneiden. Die Ränder der Nahtzugabe mit Zickzackstichen versäubern und bei Bedarf sauber nachschneiden. Die Nahtzugaben zum Rückenteil bügeln.

h. Die unteren Ärmelenden 7,5 cm nach links umfalten, entlang der inneren Bruchkante feststecken und knappkantig steppen. Anfang und Ende der Naht mit Rückstichen verriegeln. 1 cm neben der ersten Stepplinie nochmals absteppen und die Nahtenden wieder verriegeln.

i. Für den zweiten Ärmel mit Schlitz und Saumverarbeitung die Schritte 8a bis 8h wiederholen.

• SCHRITT 9 •

Das Unterteil nähen.

a. Vorderes und hinteres Unterteil rechts auf rechts aufeinanderlegen. Die Seitenkanten zusammenstecken.

b. Beide Seiten steppfußbreit bis zu den 9-cm-Markierungen oberhalb der Unterkante nähen. Anfang und Ende der Naht mit Rückstichen verriegeln. Die Nahtzugaben auseinanderbügeln.

• SCHRITT 10 •

Das Unterteil säumen. (ZEICHNUNG 3)

a. An einer Seitennaht die Stoffkante knapp 1 cm nach links umbügeln. Die Kante nochmals 1 cm nach links umbügeln und feststecken. Die zweite Kante dieser Seite und beide Kanten der anderen Seite ebenso umbügeln und stecken.

b. Nun den Schlitz steppen: An der Unterkante beginnen, am oberen Schlitzende mit eingestochener Nadel wenden und auf der anderen Seite abwärts zur Unterkante nähen. Anfang und Ende der Naht mit Rückstichen verriegeln. Den Schlitz in der anderen Seitennaht ebenso steppen.

c. Die Unterkante eines Teils knapp 1 cm nach links umbügeln. Nochmals 1 cm nach links umbügeln und feststecken. Die innere Saumkante knappkantig absteppen und verriegeln. Das andere Unterteil ebenso säumen.

• SCHRITT 11 •

Unterteil und Oberteil zusammensetzen.

a. Beide Bahnen des Unterteils längs zur Hälfte falten und die Seitennähte aufeinander ausrichten, um die vordere und hintere Mitte zu finden. An beiden Teilen am oberen Rand den Mittelbruch leicht einbügeln.

b. Steppfußbreit unterhalb der Oberkante des Unterteils ringsherum einen Kräuselfaden einziehen. Das Unterteil durch Ziehen am Unterfaden aufkräuseln, bis es ebenso weit wie das Oberteil ist. Die Enden des Kräuselfadens mit Stecknadeln auf dem Stoff fixieren.

Hinweis: Das Vorderteil wird etwas stärker gekräuselt als das Rückenteil. Durch das Gummiband werden beide Teile später noch stärker gekräuselt.

c. Die Unterkante des Oberteils und die Oberkante des Unterteils rechts auf rechts legen. Die Mittebrüche ausrichten und feststecken. Dann die Seitennähte aufeinander ausrichten und stecken. Die Kräuselung gleichmäßig verteilen und die restlichen Kanten ebenfalls zusammenstecken. Steppfußbreit zusammennähen, Anfang und Ende der Naht mit Rückstichen verriegeln. Die Ränder der Nahtzugabe mit Zickzackstichen versäubern und sauber nachschneiden. (ZEICHNUNG 3)

d. Auf den Nahtzugaben von Vorder- und Rückenteil in 6 cm Abstand zu den Seitennähten Markierungen anbringen.

e. An jedem Stück Gummiband die Mitte mit einer Stecknadel markieren. Ein Gummibandende auf eine 6-cm-Markierung am vorderen Unterteil stecken. Das andere Ende auf die zweite Markierung des vorderen Unterteils stecken. Die Mitte des Gummibands auf dem Mittelbruch des Vorderteils feststecken. Dann das Gummiband mit großen Zickzackstichen auf die Nahtzugabe nähen. Dabei das Gummiband unter Spannung halten, so dass der Stoff glatt liegt. Anfang und Ende der Naht mit Rückstichen verriegeln. Das zweite Gummiband ebenso auf die Nahtzugabe des Rückenteils steppen.

• SCHRITT 12 •

Die Schleife nähen und anbringen.

a. Gemäß der Anleitung auf Seite 172 ein Band nähen.

b. Das Band zur Hälfte falten und die Mitte mit einer Stecknadel markieren. Das Band unter der Spitze des Ausschnitts auf dem vorderen Oberteil feststecken. Mehrmals über die Bandmitte hin und her steppen. Das Band zur Schleife binden.

Kapitel: 4

Praktisch unterwegs

* LÄTZCHEN MIT TASCHE * MAMAS TASCHE FÜR ALLE FÄLLE
* WICKELTASCHE MIT WICKELUNTERLAGE

Wickeltaschen sehen langweilig aus? Da bin ich anderer Meinung. In diesem Kapitel präsentiere ich praktische, attraktive Utensilien für unterwegs, darunter eine moderne Wickeltasche, eine Tasche für alle Eventualitäten und sogar zwei Lätzchen mit Tasche zum Verstauen für reiselustige Zwerge.

i.

SCHWIERIGKEITSGRAD 2

LÄTZCHEN MIT TASCHE

Anleitung: S.90

SCHWIERIGKEITSGRAD 4

MAMAS TASCHE FÜR ALLE FÄLLE ⇒

Anleitung: S. 96

MOO, BAA,

WICKELTASCHE MIT WICKELUNTERLAGE ⇛

Anleitung: S. 101

i.

Lätzchen mit Tasche

Lätzchen mit Schwein – Fertige Größe: 26 x 34,5 cm
Gemustertes Lätzchen – Fertige Größe: 26 x 34,5 cm
Aufbewahrungstasche – Fertige Größe: 29 x 37,5 cm
Schwierigkeitsgrad: 2

Lätzchen können ausgesprochen hübsch oder witzig aussehen – zum Beispiel, wenn man sie aus schönem Druckstoff näht oder ein Schweinchen appliziert. Geschlossen werden sie mit Klettband, und zum Verstauen gibt es eine Tasche dazu, in der auch noch andere Kleinigkeiten Platz finden.

STOFFE

Für das Lätzchen mit Schwein

- 1 m (110 oder 135 cm breit) mittelfester Unistoff für Lätzchen, Einfassung und vordere Tasche
- 25 x 25 cm mittelfester Stoff für Schnauze und Ohren

Für das gemusterte Lätzchen

- 50 cm (110 oder 135 cm breit) mittelfester Druckstoff für die Vorderseite
- 50 cm (110 oder 135 cm breit) passender, mittelfester Druckstoff für Rückseite und vordere Tasche
- 50 cm (110 oder 135 cm breit) passender, mittelfester Druckstoff für den Schrägstreifen

Für die Aufbewahrungstasche

- 1 m (110 oder 135 cm breit) mittelfester Stoff für die Außenseite
- 1 m (110 oder 135 cm breit) passender, mittelfester Stoff für Futter und Bänder

ZUBEHÖR

Für das Lätzchen mit Schwein

- 50 cm (50 cm breit) mittelfeste, gewebte Einlage zum Aufbügeln (wir verwenden Pellon-Stacy-Shape-Flex 101 von Freudenberg)
- 50 cm (110 cm breit) Volumen-Vlies zum Aufbügeln (wir verwenden Thermolam Plus)
- Kopierrädchen und Schneider-Kopierpapier
- Dicke Sticknadel
- 1 Strang farblich passender Sticktwist für das Gesicht
- 1 Rolle passendes Allzweck-Nähgarn
- 1 Handvoll Naturfaser-Füllwatte
- 2,5 cm (2 cm breit) Klettband zum Aufnähen

Für das gemusterte Lätzchen

- 50 cm (50 cm breit) mittelfeste, gewebte Einlage zum Aufbügeln (wir verwenden Pellon-Stacy-Shape-Flex 101 von Freudenberg)
- 50 cm (110 cm breit) Volumen-Vlies zum Aufbügeln (wir verwenden Thermolam Plus)
- 1 Rolle passendes Allzweck-Nähgarn
- 2,5 cm (2 cm breit) Klettband

Für die Aufbewahrungstasche

- 1 m (50 cm breit) mittelfeste, gewebte Einlage zum Aufbügeln (wir verwenden Pellon-Stacy-Shape-Flex 101 von Freudenberg)
- Frühstücksteller oder Müslischälchen (zum Anzeichnen der gerundeten Kontur)
- 1 Rolle passendes Allzweck-Nähgarn

Lätzchen mit Schwein

• SCHRITT 1 •

Die Schnittmusterteile zuschneiden.

Aus dem Schnittmusterbogen in der Einstecktasche vorn im Buch ausschneiden:

- Vorder-/Rückseite
- Vorderer Beutel
- Schweineohr
- Schweineschnauze

• SCHRITT 2 •

Alle Teile aus dem Stoff zuschneiden.

a. Den Stoff längs zur Hälfte falten. Die Webkanten aufeinander ausrichten und den Mittelbruch einbügeln. Den Stoff mit Hilfe der Schnittmusterteile zuschneiden.

b. Aus dem Unistoff:

- 1 Vorderseite im Stoffbruch (siehe Tipps Seite 13)
- 1 Rückseite im Stoffbruch
- 2 vordere Beutel im Stoffbruch
- 150 cm Schrägstreifen*, 4 cm breit

c. Aus dem Stoff für Schnauze und Ohr:

- 1 Schnauze
- 4 Ohren

Hinweis: Die Ohren-Teile so sortieren, dass je eine Vorder- und Rückseite zusammenliegen. Die Spitze jedes Paars befindet sich oben am Ohr.

d. Aus der Aufbügel-Einlage:

- 1 Vorderseite im Stoffbruch
- 1 Rückseite im Stoffbruch
- 2 Ohren

e. Aus dem Aufbügel-Vlies:

- 1 Rückseite im Stoffbruch

• SCHRITT 3 •

Einlage und Vlies aufbügeln.

a. Das Vorderteil mit der rechten Stoffseite nach oben auf die beschichtete Seite der Einlage legen. Gemäß Herstelleranweisung aufbügeln, dabei das Bügeleisen auf »Wolle« stellen.

b. Den ersten vorderen Beutel mit der rechten Stoffseite nach oben auf die beschichtete Seite der Einlage legen. Gemäß Herstelleranweisung aufbügeln.

c. Das erste Ohr (Vorderteil von Paar 1) mit der rechten Stoffseite nach oben auf die beschichtete Seite der Einlage legen. Gemäß Herstelleranweisung aufbügeln.

d. Das zweite Ohr (Vorderteil von Paar 2) ebenso verstärken.

e. Die Rückseite des Lätzchens mit der rechten Stoffseite nach oben auf die beschichtete Seite des Vlies legen. Gemäß Herstelleranweisung aufbügeln.

• SCHRITT 4 •

Augen und Nase aufsticken, die Schnauze aufnähen.

a. Die Positionen der Nasenlöcher mit Schneider-Kopierpapier und einem Kopierrädchen oder mit Schneiderkreide auf die rechte Stoffseite der Schnauze übertragen. Die Positionen der Augen auf die rechte Stoffseite des Vorderteils übertragen. Die Positionen der Ohren auf der rechten Stoffseite der Rückseite anzeichnen.

b. Die Augen mit Plattstich* auf die Vorderseite des Lätzchens sticken.

c. Die Nasenlöcher mit Plattstich auf die Schnauze sticken.

d. Den vorderen (versteiften) Beutel in senkrechter Richtung zur Hälfte falten und den Mittelbruch vorsichtig einbügeln.

e. Die Schnauze zur Hälfte falten und den Mittelbruch vorsichtig einbügeln.

f. Die Schnauze auf den vorderen (versteiften) Beutel stecken, dabei die Mittelbrüche aufeinander ausrichten. Die Schnauze auch senkrecht in der Mitte des Beutels ausrichten und feststecken. Rings um den Rand der Schnauze mit engen Zickzackstichen steppen. Anfang und Ende der Naht mit Rückstichen verriegeln.

g. Hinter der Schnauze einen 2,5 cm langen Schlitz nur in den Beutelstoff schneiden. Etwas Füllwatte einschieben und den Einschnitt mit überwendlichen Stichen schließen.

• SCHRITT 5 •

Den vorderen Beutel nähen.

a. Das verstärkte und das unverstärkte Beutelteil links auf links aufeinanderlegen. Die Schnittkanten ausrichten und die Teile ringsherum mit der Maschine zusammenheften.

b. Die gerade Kante des Beutels mit einem einfach gefalteten Schrägstreifen* einfassen. Dabei beträgt die Nahtzugabe gut 1 cm.

• SCHRITT 6 •

Vorderen Beutel, Vorder- und Rückseite zusammensetzen.

a. Den vorderen Beutel an die Unterkante des Vorderteils stecken. Dabei die Schnittkanten ausrichten. Die Futterseite des Beutels liegt auf der rechten Stoffseite des Vorderteils. Entlang der gerundeten Unterkante mit der Maschine heften.

b. Vorder- und Rückseite des Lätzchens links auf links aufeinanderstecken und ringherum mit der Maschine zusammenheften.

• SCHRITT 7 •

Die Ohren nähen.

a. Das verstärkte und das unverstärkte Teil jedes Ohrenpaars rechts auf rechts aufeinanderlegen. Die äußeren, gerundeten Kanten zusammenstecken und mit kleinen Stichen steppfußbreit zusammennähen. Die Nahtzugabe auf 5 mm zurückschneiden. An der Spitze die Nahtzugabe quer abschneiden, aber nicht die Naht beschädigen. Die Ohren auf rechts wenden, die Spitzen mit einer Wendehilfe herausdrücken. Die Ohren bügeln.

b. Das Ohr über die offene Unterkante rechts auf rechts zur Hälfte falten, stecken und 1 cm neben der Bruchkante eine 2 cm lange Naht steppen. Das Ohr wieder ausbreiten und die Falte zur Unterseite bügeln. Mit der Maschine die offene Unterkante zusammenheften. (ZEICHNUNG 1)

c. Die Falte im anderen Ohr ebenso einsteppen.

• SCHRITT 8 •

Ohren und Schrägstreifen ansetzen. (ZEICHNUNG 2)

a. Die Ohren an den angezeichneten Positionen seitlich an die Rückseite des Lätzchens stecken. Dabei die unversäuberten Stoffkanten von Lätzchen und Ohren aufeinander ausrichten. Die Rückseite der Falte im Ohr zeigt zur Lätzchen-Rückseite. Die Ohren mit der Maschine festheften.

b. Den einfach gefalteten Schrägstreifen knappkantig absteppen.

c. Nach dem Einfassen die Ohren über den Schrägstreifen nach vorn falten, bügeln und feststecken. Zum Fixieren der Ohren nochmals knappkantig durch die Ansatzkante des Ohrs und Schrägstreifen steppen.

• SCHRITT 9 •

Fertigstellung des Lätzchens.

a. Die weiche Seite des Klettbands oben rechts auf die Futterseite des Lätzchens stecken und knappkantig aufsteppen.

b. Die harte Seite des Klettbandes oben links auf der Vorderseite des Lätzchens feststecken und ebenfalls knappkantig steppen.

Zeichnung 1.

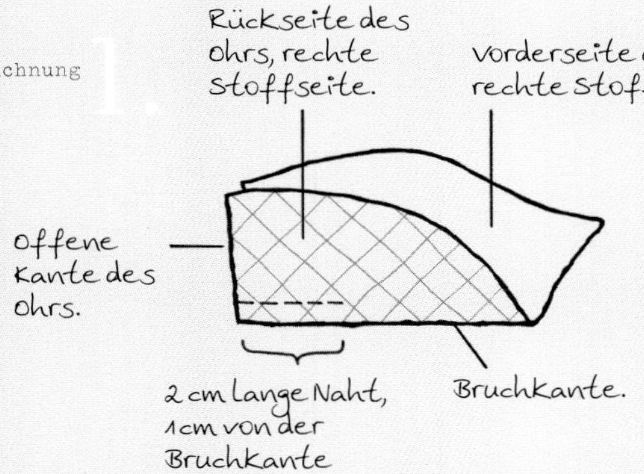

Zeichnung 2.

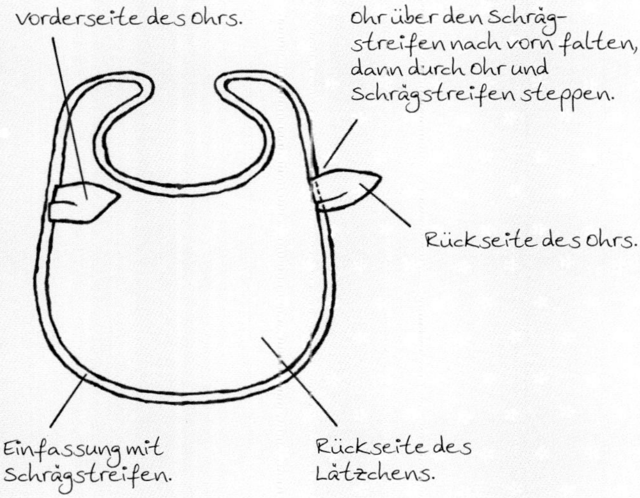

Zeichnung 3.

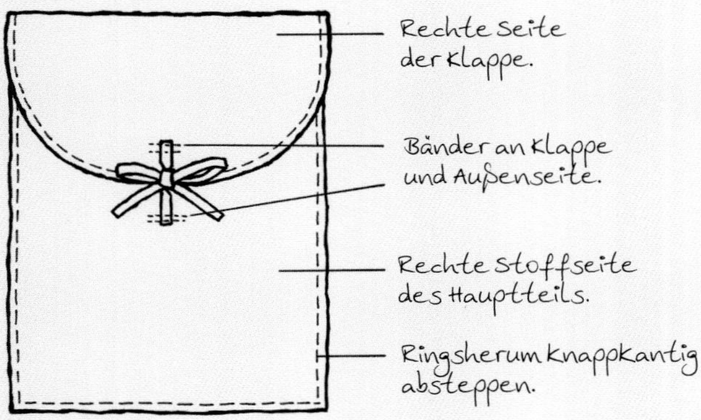

Gemustertes Lätzchen

• SCHRITT 1 •

Die Schnittmusterteile zuschneiden.

Aus dem Schnittmusterbogen in der Einstecktasche vorn im Buch ausschneiden:

– Vorder-/Rückseite
– Vorderer Beutel

• SCHRITT 2 •

Alle Teile aus dem Stoff zuschneiden.

a. Aus dem ersten Druckstoff:

– 1 Vorderseite im Stoffbruch

b. Aus dem zweiten Druckstoff:

– 1 Rückseite im Stoffbruch
– 2 vordere Beutel im Stoffbruch

c. Aus dem dritten Druckstoff:

– 150 cm Schrägstreifen, 4 cm breit

d. Aus der Einlage zum Aufbügeln:

– 1 Vorderseite im Stoffbruch
– 1 vorderer Beutel im Stoffbruch

e. Aus dem Aufbügel-Vlies:

– 1 Rückseite im Stoffbruch

• SCHRITT 3 •

Das Lätzchen aus gemusterten Stoffen nähen.

Gehen Sie nach der Anleitung für das Lätzchen mit Schwein vor, aber lassen Sie Ohren, Augen und Schnauze weg.

Aufbewahrungstasche

• SCHRITT 1 •

Alle Teile aus dem Stoff zuschneiden.

Alle Maße werden direkt auf der rechten Stoffseite angezeichnet. Dann die Teile auf den angezeichneten Linien zuschneiden.

a. Aus dem Außenstoff:

– 1 Außenteil: 31 x 77,5 cm
– 1 Klappe: 31 x 20 cm

b. Aus dem Futterstoff:

– 1 Hauptteil: 31 x 77,5 cm
– 1 Klappe: 31 x 20 cm
– 2 Bänder: je 4 x 25 cm

c. Aus der Einlage zum Aufbügeln:

– 1 Hauptteil: 31 x 77,5 cm
– 1 Klappe: 31 x 20 cm

• SCHRITT 2 •

Die Einlage aufbügeln.

a. Das Außenteil mit der rechten Stoffseite nach oben auf die beschichtete Seite der Einlage legen. Gemäß Herstelleranweisung aufbügeln, dabei das Bügeleisen auf »Wolle« stellen.

b. Das Außenteil der Klappe mit der rechten Stoffseite nach oben auf die beschichtete Seite der Einlage legen. Ebenso aufbügeln.

• SCHRITT 3 •

Die Bänder nähen.

Die Enden des ersten Stoffstreifens knapp 1 cm nach links umschlagen und bügeln. Beim zweiten Band ebenso verfahren. Dann die Bänder gemäß der Anleitung auf Seite 172 weiterverarbeiten.

• SCHRITT 4 •

Die Klappe nähen.

a. Außenseite und Futter der Klappe rechts auf rechts aufeinanderstecken, dabei die Kanten sauber ausrichten. Jeweils in 12,5 cm Abstand zu den Seiten und 7,5 cm Abstand zur Unterkante eine Markierung anbringen.

b. Den Teller kopfüber auf die Klappe legen und seinen Rand an den seitlichen und unteren Markierungen ausrichten. Die Tellerkontur mit einem auswaschbaren Textilstift nachzeichnen, dabei die Markierungen verbinden. Entlang der angezeichneten Rundung durch alle Stofflagen schneiden, dann die Kante zusammenstecken und steppfußbreit zusammennähen. Anfang und Ende der Naht mit Rückstichen verriegeln. Die Nahtzugabe auf 5 mm zurückschneiden.

c. Die Klappe auf rechts wenden und bügeln. Die Öffnung mit der Maschine zusammenheften.

d. Die Klappe quer zur Hälfte falten und den Mittelbruch vorsichtig einbügeln. Auf der rechten Seite der Klappe 3 cm oberhalb der Unterkante auf dem Mittelbruch eine Markierung anzeichnen.

e. Ein Ende des ersten Bandes an der Markierung auf dem Mittelbruch feststecken und knappkantig steppen. Anfang und Ende der Naht mit Rückstichen verriegeln. 5 mm neben der Naht nochmals steppen und verriegeln. Das lange Ende des Bandes hängt nun über die Kante der Klappe hinab.

• SCHRITT 5 •

Das zweite Band anbringen.

a. Das Außenteil längs zur Hälfte falten, die Längskanten aufeinander ausrichten und den Mittelbruch behutsam einbügeln. Auf der rechten Seite des Stoffs 21 cm unterhalb der Oberkante auf dem Mittelbruch eine Markierung anzeichnen. Ein Ende des zweiten Bandes an diese Markierung stecken und knappkantig steppen. Anfang und Ende der Naht mit Rückstichen verriegeln. 5 mm neben der ersten Naht nochmals steppen und verriegeln.

b. Das Außenteil rechts auf rechts falten, die Schmalseiten aufeinander ausrichten und die Seitenkanten zusammenstecken. Die Kanten steppfußbreit zusammennähen und die Nahtenden verriegeln.

• SCHRITT 6 •

Das Futter nähen und ans Außenteil setzen.

a. Das Futter rechts auf rechts zur Hälfte falten, die Schmalseiten aufeinander ausrichten und zusammenstecken. Die Seiten steppfußbreit zusteppen, Anfang und Ende der Naht mit Rückstichen verriegeln.

b. Die Außenseite der Klappe auf die rechte Seite des Außenteils (ohne Band) legen, die unversäuberten Kanten aufeinander ausrichten und zusammenstecken. Die Stofflagen mit der Maschine zusammenheften.

c. Die äußere Tasche auf rechts wenden. Das Futter zeigt mit der linken Seite nach außen und wird über die äußere Tasche geschoben. Die Klappe liegt dabei zwischen den beiden Teilen. Die Seitennähte aufeinander ausrichten und die Oberkanten zusammenstecken. Die Kante steppfußbreit zusammennähen. Dabei eine 12 cm lange Öffnung an der Vorderseite lassen. Anfang und Ende der Naht mit Rückstichen verriegeln.

d. Die Tasche auf rechts wenden, das Futter ins Innere schieben und die Klappe herausziehen. Die Oberkante bügeln, dann die unversäuberten Kanten 1 cm einschlagen und feststecken.

e. Das Futter in der Tasche glatt streichen. Die Oberkanten und den Rand der Klappe durch alle Stofflagen hindurch knappkantig absteppen. (ZEICHNUNG 3)

j.

Mamas Tasche für alle Fälle

Fertige Größe: 40 x 27,5 x 16 cm

Schwierigkeitsgrad: 4

Die Betonung liegt auf »alle Fälle«, denn in dieser geräumigen Tasche mit standfestem Boden und vielen Innenfächern lässt sich wirklich alles gut verstauen, was Mütter und Babys im Lauf des Tages brauchen. Nun brauchen Sie nur noch einen schönen Stoff auszusuchen.

STOFFE

* 1 m (110 oder 135 cm breit) mittelfester Druckstoff für die Außenseite
* 160 cm (110 oder 135 cm breit) passender, mittelfester Druckstoff für das Futter

ZUBEHÖR

* 1 m (110 cm breit) Volumen-Vlies zum Aufbügeln (wir verwenden Thermolam Plus)
* 250 cm (50 cm breit) mittelfeste, gewebte Einlage zum Aufbügeln (wir verwenden Pellon-Stacy-Shape-Flex 101 von Freudenberg)
* 1 m (55 cm breit) einseitig aufbügelbarer Stabilisator (z. B. Peltex oder eine ähnliche Einlage zur Versteifung)
* 1 m (7 mm breit) Gummiband für die Taschen
* Sicherheitsnadel, mittlere Größe
* 1 Rolle passendes Allzweck-Nähgarn

• SCHRITT 1 •

Alle Teile aus dem Stoff zuschneiden.

a. Den Stoff links auf links der Länge nach zur Hälfte falten, die Webkanten aufeinander ausrichten und den Mittelbruch leicht einbügeln. Die folgenden Maße direkt auf der rechten Stoffseite anzeichnen. Dann die Teile auf den angezeichneten Linien zuschneiden.

b. Aus dem ersten Druckstoff:
- 2 Hauptteile, je 42,5 x 30 cm
- 2 Seitenteile, je 19 x 30 cm
- 4 Seitentaschen, je 19 x 17,5 cm
- 1 Boden, 42,5 x 19 cm
- 2 Henkel, je 10 x 45 cm

c. Aus dem Futterstoff:
- 2 Hauptteile, je 42,5 x 30 cm
- 4 Seitenteile, je 10,5 x 30 cm
- 4 Taschen, je 52,5 x 27,5 cm
- 1 Boden, 42,5 x 19 cm
- 2 Trennwände, je 42,5 x 30 cm

d. Aus dem Aufbügel-Vlies:
- 2 Hauptteile, je 42,5 x 30 cm
- 2 Seitenteile, je 19 x 30 cm
- 2 Seitentaschen, je 19 x 17,5 cm
- 1 Boden, 42,5 x 19 cm

e. Aus der Aufbügel-Einlage:

- 2 Hauptteile, je 42,5 x 30 cm
- 2 Seitenteile, je 19 x 30 cm
- 2 Seitentaschen, je 19 x 17,5 cm
- 1 Boden, 42,5 x 19 cm
- 2 Taschen, je 52,5 x 27,5 cm
- 2 Henkel, je 10 x 45 cm

f. Aus dem Stabilisator:

- 2 Boden-Teile, je 15,5 x 39,5 cm
- 2 Trennwände, je 40 x 27,5 cm

g. Aus dem Gummiband:

- 2 Stücke, je 37,5 cm

• SCHRITT 2 •

Die Einlagen aufbügeln.

a. Das erste äußere Hauptteil mit der rechten Stoffseite nach oben auf die beschichtete Seite der Einlage legen. Gemäß Herstelleranweisung aufbügeln, dabei das Bügeleisen auf »Wolle« stellen.

b. Das so versteifte Außenteil wieder mit der rechten Stoffseite nach oben auf die beschichtete Seite des Aufbügel-Vlies legen. Gemäß Herstelleranweisung aufbügeln.

c. Einlage und Vlies ebenso auf die folgenden Teile bügeln:

- zweites äußeres Hauptteil
- beide äußeren Seitenteile
- 2 Seitentaschen

d. Zwei Taschenteile und beide Henkel nur mit Aufbügel-Einlage versehen (wie in Schritt 2a).

e. Den äußeren Boden mit der rechten Stoffseite nach oben auf die beschichtete Seite der Aufbügel-Einlage legen. Gemäß Herstelleranweisung aufbügeln, dabei das Bügeleisen auf »Wolle« stellen. Noch kein Vlies aufbügeln.

f. Die Stabilisator-Teile mittig auf die linke Stoffseite des äußeren Bodens legen. Das Vlies mit der beschichteten Seite nach unten auf den Stabilisator legen. Nun alle Lagen in einem Arbeitsgang gemäß Herstelleranweisung aufbügeln.

g. Schritt 2f wiederholen, um die beiden Stabilisator-Trennwände miteinander zu verbinden. Dazu die Stabilisator-Teile mit den beschichteten Seiten aufeinanderlegen, die Außenkanten ausrichten und bügeln.

• SCHRITT 3 •

Die mittlere Trennwand nähen. (ZEICHNUNG 1)

a. Ein Futter-Seitenteil und eine Trennwand rechts auf rechts aufeinanderlegen. Die Kanten aufeinanderstecken und steppfußbreit zusammennähen, dabei aber an Ober- und Unterkante 1 cm ungesteppt lassen. Die Nahtenden mit Rückstichen verriegeln.

b. Das zweite Futter-Seitenteil ebenso an der anderen Seite der ersten Trennwand festnähen.

c. Die beiden anderen Futter-Seitenteile ebenso an den beiden Seiten der anderen Trennwand festnähen.

d. Die Nahtzugaben auseinanderbügeln.

e. Die Trennwände mit den angenähten Seitenteilen rechts auf rechts aufeinanderlegen und die Längskanten aufeinander ausrichten. Ober- und Unterkanten der Trennwände zusammenstecken und steppfußbreit zusammennähen. Dabei an den Ansatznähten der Futter-Seitenteile anhalten.

Beide Nahtenden mit Rückstichen verriegeln. Die Trennwand auf rechts wenden.

f. Die Futter-Seitenteile rechts auf rechts auf die Trennwand umfalten. Die 1 cm langen, ungesteppten Nahtenden aufeinander ausrichten und feststecken. Oben und unten an der vorhandenen Naht steppfußbreit je etwa 1 cm weit steppen. Die Nahtzugaben auseinanderbügeln. Auch am anderen Ende der Trennwand das obere und untere Ende der Naht so nachsteppen.

g. Die Seitenteile links auf links aufeinanderlegen, die Nähte aufeinander ausrichten und feststecken. An einem Ende der Trennwand im Nahtschatten absteppen. Beide Nahtenden mit Rückstichen verriegeln. Den Stabilisator durch die offene Seite einschieben. Die Öffnung zustecken und im Nahtschatten absteppen, um den Stabilisator im Inneren zu fixieren.

h. Ober- und Unterkante der Trennwand steppfußbreit absteppen. Beide Nahtenden mit Rückstichen verriegeln.

• SCHRITT 4 •

Die Innentaschen nähen und ans Futter-Hauptteil ansetzen. (ZEICHNUNG 2)

a. Die Futterteile und Taschenteile jeweils zur Hälfte falten, die Schmalseiten aufeinander ausrichten und an jedem Teil den Mittelbruch einbügeln.

b. Ein verstärktes und ein unverstärktes Taschenteil rechts auf rechts aufeinanderlegen. Die Oberkanten zusammenstecken und steppfußbreit zusammennähen. Beide Nahtenden mit Rückstichen verriegeln. Die Tasche auf rechts wenden und 1,5 cm unter der Oberkante absteppen, um einen Tunnel für das Gummiband zu erhalten.

c. Das Gummiband mit Hilfe einer Sicherheitsnadel durch den Tunnel ziehen und an beiden Enden des Tunnels mit der Maschine festheften.

d. Die anderen drei unversäuberten Kanten zusammenstecken und mit der Maschine heften.

e. Dann die Falten in die Taschen arbeiten. An der Unterkante von jeder Seite aus Markierungen bei 6 cm, 9 cm, 19 cm und 21 cm anzeichnen. Auf der rechten Seite der Tasche die 9-cm-Markierung auf die 6-cm-Markierung legen, feststecken und am unteren Rand mit der Maschine festheften. Auf der rechten Seite der Tasche die 19-cm-Markierung auf die 21-cm-Markierung legen, ebenfalls stecken und heften. Die Falten auf der anderen Seite der Tasche ebenso einlegen.

Hinweis: Achten Sie beim Heften darauf, dass die Falten auf jeder Seite zueinander zeigen.

f. Die zweite Tasche ebenso (Schritt 4b bis 4e) nähen.

g. Die Rückseite der Tasche auf die rechte Stoffseite des Haupt-Futterteils legen. Die vorderen Falten zeigen nach außen. Seiten- und Unterkanten sowie die Mittelbrüche aufeinander ausrichten. Die Teile zusammenstecken und mit der Maschine die Seiten- und Unterkanten heften.

h. Den Mittelbruch der Tasche auf dem Mittelbruch des anderen Futter-Hauptteils ausrichten. Feststecken und auf dem Mittelbruch feststeppen. Beide Nahtenden mit Rückstichen verriegeln.

i. Die zweite Tasche ebenso (Schritt 4g und 4h) am anderen Futter-Hauptteil annähen.

• SCHRITT 5 •

Haupt- und Seitenteile des Futters zusammennähen.

a. Ein Futter-Hauptteil und ein Seitenteil rechts auf rechts legen und die Seitenkanten zusammenstecken. Steppfußbreit zusammennähen, aber 1,5 cm vor der Unterkante anhalten. Anfang und Ende der Naht mit Rückstichen verriegeln.

b. Das zweite Seitenteil ebenso an die andere Seite des Futter-Hauptteils nähen.

c. Das zweite Futter-Hauptteil ebenso zwischen die anderen beiden Futter-Seitenteile nähen.

• SCHRITT 6 •

Den Futter-Boden an Haupt- und Seitenteile setzen.

a. Die Unterkante eines Futter-Hauptteils rechts auf rechts an einer Längskante des Futter-Bodens anlegen und feststecken. Steppfußbreit zusammennähen, aber am Anfang und Ende 1 cm der Naht offen lassen. Beide Nahtenden mit Rückstichen verriegeln.

b. Das Futter an der Seitennaht drehen und die Unterkante des Seitenteils an die Schmalseite des Bodens stecken. Steppfußbreit zusammennähen, wieder am Anfang und Ende der Naht 1 cm offen lassen. Die Nahtenden mit Rückstichen verriegeln.

c. Das Futter auch an den verbleibenden Bodenecken drehen und steppfußbreit an die folgende Kante nähen. Anfang und Ende jeder Naht mit Rückstichen verriegeln.

d. Die Nahtzugabe an den Ecken abschneiden, dabei aber nicht die Naht beschädigen. Das Futter beiseitelegen.

• SCHRITT 7 •

Die Seitentaschen nähen und an die äußeren Seitenteile setzen.

a. Je eine verstärkte und eine unverstärkte Seitentasche rechts auf rechts aufeinanderlegen. Die oberen Schmalseiten zusammenstecken und steppfußbreit zusammennähen. Beide Nahtenden mit Rückstichen verriegeln.

b. Die Tasche auf rechts wenden und die Naht bügeln. Die Oberkante knappkantig absteppen. Die anderen drei Kanten zusammenstecken und mit der Maschine heften.

c. Die Seitentaschen an die äußeren Seitenteile stecken, dabei Unter- und Seitenkanten aufeinander ausrichten. Die gesteckten Seiten mit der Maschine heften.

Zeichnung 1.

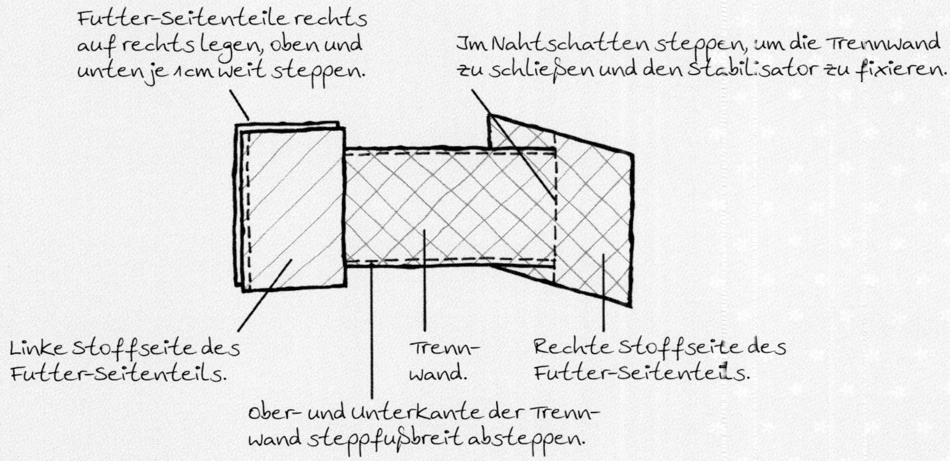

Zeichnung 2.

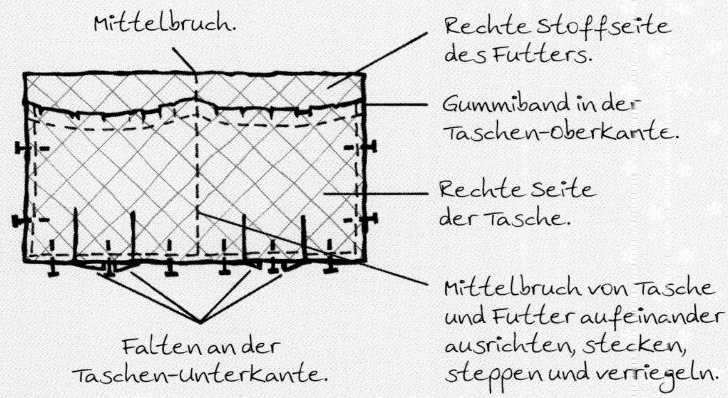

d. Schritt 7a bis 7c wiederholen, um die zweite Seitentasche ans andere äußere Seitenteil zu heften.

• SCHRITT 8 •

Äußere Haupt- und Seitenteile zusammensetzen.

Wiederholen Sie Schritt 5.

• SCHRITT 9 •

Den äußeren Boden an äußere Haupt- und Seitenteile setzen.

Wiederholen Sie Schritt 6.

• SCHRITT 10 •

Die Henkel nähen und ansetzen.

a. Aus dem ersten mit Einlage verstärkten Streifen gemäß Anleitung auf Seite 172 ein Band nähen.

b. Das zweite Band ebenso nähen.

c. An der Oberkante in jeweils 12,5 cm Abstand zu den Seiten Markierungen anzeichnen – zuerst auf das eine äußere Hauptteil, dann auf das andere.

d. Ein Ende des ersten Henkels innerhalb der Markierung auf das erste Außenteil anlegen und feststecken. Das andere Ende an der zweiten Markierung anlegen, dabei den Henkel nicht verdrehen. Die Henkelenden mit der Maschine festheften.

e. Den zweiten Henkel ebenso (Schritt 10c und 10d) am anderen äußeren Hauptteil festheften.

• SCHRITT 11 •

Äußere Tasche und Futter zusammensetzen.

(ZEICHNUNG 3)

a. Die äußere Tasche auf rechts wenden. Die Ecken mit einer Wendehilfe herausdrücken. Alle Nähte bügeln.

b. Die Oberkante 1 cm breit nach links umfalten und bügeln. Die Futter-Oberkante ebenso umbügeln.

c. Nun das Futter in die Tasche schieben. Die Außentasche zeigt dabei mit der rechten Stoffseite nach außen, das Futter mit der linken Stoffseite. Die umgebügelten Oberkanten aufeinander ausrichten und feststecken. Beide Teile knappkantig aufeinandersteppen, die Nahtenden mit Rückstichen verriegeln.

d. Nun auf einer Seite der Trennwand beginnend 2,5 cm unter der Oberkante steppen. An der Trennwand auf der anderen Seite der Tasche anhalten. Beide Nahtenden mit Rückstichen verriegeln.

e. Auf der anderen Seite der Trennwand ebenso 2,5 cm unter der Oberkante bis zur Trennwand auf der anderen Taschenseite steppen. Beide Nahtenden mit Rückstichen verriegeln.

Zeichnung 3

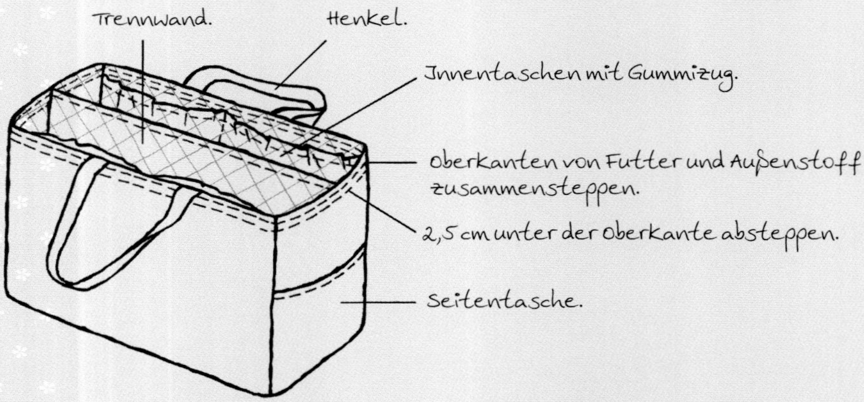

k.

WICKELTASCHE MIT WICKELUNTERLAGE

Tasche – Fertige Größe: obere Breite 66 cm, untere Breite 45 cm, Höhe (mit Henkeln) 66 cm, Bodentiefe 10 cm

Wickelunterlage – Fertige Größe: 45 x 60 cm

Schwierigkeitsgrad: 4

Diese moderne Tasche hat ein handliches Format, praktische Innenfächer und auf der Außenseite sogar eine Tasche fürs Handy. Die aufgerollte Wickelunterlage passt genau hinein, und ein Magnetverschluss hält alles ordentlich zusammen.

STOFFE

Für die Wickeltasche

* 115 cm (110 oder 135 cm breit) mittelfester Stoff für die Außenseite
* 170 cm (110 oder 135 cm breit) mittelfester Stoff für das Futter

Für die Wickelunterlage

* 70 cm (110 oder 135 cm breit) mittelfester Druckstoff für die Außenseite
* 70 cm (110 cm breit) farblich passender Uni-Frottee

ZUBEHÖR

Für die Wickeltasche

* 230 cm (110 cm breit) Volumen-Vlies zum Aufbügeln (wir verwenden Thermolam Plus)
* 275 cm (55 cm breit) mittelfeste, gewebte Einlage zum Aufbügeln (wir verwenden Pellon-Stacy-Shape-Flex 101 von Freudenberg)
* 25 cm (55 cm breit) einseitig beschichteter Stabilisator zum Aufbügeln (z. B. Peltex oder ein Produkt ähnlicher Festigkeit)
* 1 Magnetverschluss, 2 cm Durchmesser
* 1 Rolle passendes Allzweck-Nähgarn

Für die Wickelunterlage

* 70 cm (150 cm breit) Baumwoll-Wattiervlies
* 2,5 cm (2 cm breit) Klettband zum Aufnähen
* 1 kleine Rolle passendes Allzweck-Nähgarn

Wickeltasche

• SCHRITT 1 •

Die Schnittmusterteile zuschneiden.

Aus dem Schnittmusterbogen in der Einstecktasche vorn im Buch ausschneiden:

– Hauptteil
– Vorderer Verschluss

• SCHRITT 2 •

Alle Teile aus dem Stoff zuschneiden.

a. Die Schnittmusterteile im Stoffbruch auf den Stoff legen. Die unten angegebenen Maße direkt auf der rechten Stoffseite anzeichnen. Die Teile auf den angezeichneten Linien zuschneiden.

b. Aus dem Außenstoff:
- 2 Hauptteile im Stoffbruch (siehe Tipps Seite 13)
- 2 Verschluss-Teile im Stoffbruch
- 2 Seitenteile, je 12,5 x 34 cm
- 1 Boden, 12,5 x 47,5 cm
- 2 Henkel, je 7,5 x 47,5 cm
- 2 Handy-Taschen, je 13 x 14 cm

c. Aus dem Futterstoff:
- 2 Hauptteile im Stoffbruch
- 2 Seitenteile, je 12,5 x 34 cm
- 1 Boden, 12,5 x 47,5 cm
- 4 lange Innentaschen, je 57,5 x 25 cm
- 2 Henkel, je 7,5 x 47,5 cm
- 4 Flaschen-Taschen, je 17,5 x 25 cm

d. Aus dem Aufbügel-Vlies:
- 4 Hauptteile im Stoffbruch
- 1 vorderer Verschluss im Stoffbruch
- 4 Seitenteile, je 12,5 x 34 cm
- 2 Böden, je 12,5 x 47,5 cm
- 4 Henkel, je 7,5 x 47,5 cm
- 1 Handy-Tasche, 13 x 14 cm
- 2 Flaschen-Taschen, 17,5 x 25 cm

e. Aus der Aufbügel-Einlage:
- 2 Hauptteile im Stoffbruch
- 1 vorderer Verschluss im Stoffbruch
- 2 Seitenteile, je 12,5 x 34 cm
- 1 Boden, 12,5 x 47,5 cm
- 2 lange Innentaschen, je 57,5 x 25 cm

f. Aus dem Stabilisator:
- 2 Böden, je 10 x 45 cm

• SCHRITT 3 •

Die Einlage-Materialien aufbügeln.

a. Beide Hauptteile aus Außenstoff, beide Seitenteile aus Außenstoff, einen vorderen Verschluss und zwei lange Innentaschen jeweils mit der rechten Stoffseite nach oben auf die beschichtete Seite der zugehörigen Einlage-Teile legen. Gemäß Herstelleranweisung aufbügeln.

b. Alle vier Hauptteile, die Seitenteile und Henkel, das Bodenfutter, den zweiten vorderen Verschluss, zwei Flaschen-Taschen und eine Handytasche mit der rechten Stoffseite nach oben auf die entsprechenden Teile aus Aufbügel-Vlies legen. Gemäß Herstelleranweisung aufbügeln.

c. Die beiden Bodenteile aus Stabilisator mit den beschichteten Seiten aufeinanderlegen, die Kanten ausrichten und die Teile zusammenbügeln.

d. Den so vorbereiteten Stabilisator mittig auf die linke Stoffseite des äußeren Bodens legen. Die Einlage mit der beschichteten Seite nach unten auf den Stabilisator legen und die Kanten sauber ausrichten. Die Einlage auf den Stabilisator und den Rand des Bodens aufbügeln.

• SCHRITT 4 •

Futter und Taschen vorbereiten. (ZEICHNUNG 1)

a. Beide Futter-Hauptteile zur Mitte falten und die Schmalseiten aufeinander ausrichten. Die Mittelbrüche behutsam einbügeln. An den langen Taschenteilen ebenso die Mittelbrüche einbügeln.

b. Auf der rechten Stoffseite des ersten Futterteils parallel zum Mittelbruch zwei Linien anzeichnen – jeweils im Abstand von 22,5 cm nach rechts und links. Dies sind die Ansatzlinien der Taschen.

c. Auf dem zweiten Futterteil die Ansatzlinien der Taschen ebenso anzeichnen.

• SCHRITT 5 •

Haupt- und Seitenteile des Futters zusammensetzen.

(ZEICHNUNG 1)

a. Je ein Haupt- und Seitenteil des Futters rechts auf rechts legen, die Seitenkanten aufeinander ausrichten und zusammenstecken.

b. Die Seitennaht steppfußbreit nähen, aber 1 cm vor der Unterkante anhalten. Anfang und Ende der Naht mit Rückstichen verriegeln.

c. Das zweite Seitenteil ebenso an die andere Schmalseite des Hauptteils nähen.

d. Zuletzt das zweite Hauptteil einfügen. Beiseitelegen.

• SCHRITT 6 •

Die Innentaschen nähen.

a. Eine mit Einlage versteifte Flaschentasche und eine ebenfalls versteifte lange Tasche rechts auf rechts aufeinanderlegen. Die kurzen Seitenkanten aufeinander ausrichten und zusammenstecken. Steppfußbreit zusammennähen, aber 1 cm vor der Unterkante anhalten. Anfang und Ende der Naht mit Rückstichen verriegeln. Die zweite mit Einlage versteifte Flaschentasche ebenso an die andere Seite der ersten langen Tasche nähen.

b. Schritt 6a wiederholen, um die zweite mit Einlage versteifte lange Tasche an die beiden gegenüberliegenden Enden der Flaschentaschen zu nähen. Sie haben nun einen »Ring« aus Taschen vor sich: lange Tasche, Flasche, lange Tasche, Flasche.

c. Alle Nahtzugaben auseinanderbügeln.

d. Schritt 6a bis 6c mit den übrigen langen Taschen und Flaschentaschen wiederholen – dies ist das Futter der Taschen. Sie sollten nun zwei Ringe vor sich haben: einen versteiften und einen unversteiften.

e. Taschen und Taschenfutter rechts auf rechts aufeinanderlegen, Oberkanten und Quernähte ausrichten und feststecken. Die Oberkanten steppfußbreit zusammennähen und verriegeln.

f. Das Futter über die äußeren Taschen klappen, so dass die linken Stoffseiten zueinander zeigen. Die Unterkanten aufeinander ausrichten und zusammenstecken. Die obere Naht bügeln und knappkantig absteppen. Die offenen Unterkanten mit der Maschine steppfußbreit zusammenheften.

• SCHRITT 7 •

Die Falten an den Taschen einlegen.

a. An der Unterkante einer langen Tasche mit Schneiderkreide und Lineal im Abstand von 10 cm zu den Seitennähten zwei Markierungen anzeichnen. Zwei weitere Markierungen 10 cm rechts und links vom Mittelbruch anzeichnen. Die gleichen Markierungen auf der anderen langen Tasche anzeichnen.

b. An den Unterkanten beider Flaschen-Taschen in 5 cm Abstand zu den Seitennähten Markierungen anbringen.

c. Die erste lange Tasche an jeder Markierung rechts auf rechts falten und die Brüche feststecken. Parallel zu jeder Bruchkante die Falte mit einer 2,5 cm langen Naht einsteppen. Anfang und Ende der Naht mit Rückstichen verriegeln.

d. Die Falten nun zur Mitte des jeweiligen Teils bügeln und an der Unterkante mit der Maschine knappkantig quer festheften.

e. Die Falten an der anderen langen Tasche und Flaschen-Tasche ebenso einlegen (Schritt 7c und 7d).

• SCHRITT 8 •

Die Taschen ans Futter setzen. (ZEICHNUNG 2)

a. Die erste lange Tasche auf ein Futter-Hauptteil legen. Beide Teile zeigen mit der rechten Seite nach oben. Die Teile am Mittelbruch aufeinander ausrichten und feststecken.

b. Die Nähte der Tasche auf den in Schritt 4b angezeichneten Hilfslinien feststecken. Die Tasche an den beiden Nähten und am Mittelbruch auf das Futter steppen. Anfang und Ende der Naht mit Rückstichen verriegeln.

c. Die zweite lange Tasche ebenso auf das andere Futter-Hauptteil steppen.

d. Die Unterkanten der Taschen an der Futter-Unterkante feststecken und mit der Maschine knappkantig ringsherum festheften.

• SCHRITT 9 •

Den Boden ans Futter setzen.

a. Die Unterkante des Futter-Hauptteils rechts auf rechts an einer Längskante des Bodenfutters ausrichten und feststecken.

b. Die gesteckten Kanten zusammennähen. Die Naht beginnt und endet in 1 cm Abstand zu den Seitenkanten. Anfang und Ende der Naht mit Rückstichen verriegeln.

c. Das Futter an der Naht drehen, die Unterkante des Seitenteils an der Schmalseite des Bodens feststecken und wie oben feststeppen.

d. Die beiden anderen Unterkanten des Futters ebenso an die Kanten des Bodens nähen. Jeweils die Nahtenden mit Rückstichen verriegeln.

e. Die Nahtzugaben an den Ecken schräg abschneiden, dabei aber nicht die Naht beschädigen.

• SCHRITT 10 •

Die Henkel ans Futter setzen.

a. Eine Schmalseite des Henkels rechts auf rechts an der Oberkante des Futter-Hauptteils anlegen, feststecken und steppfußbreit festnähen. Beide Nahtenden mit Rückstichen verriegeln. Die Nahtzugaben auseinanderbügeln. Beidseitig im Abstand von 1 cm zur Naht absteppen.

b. Das andere Ende des Henkels ebenso am oberen Ende dieses Futter-Hauptteils annähen.

c. Den zweiten Henkel am anderen Futter-Hauptteil anbringen (Schritt 10a und 10b). Das Futter beiseitelegen.

• SCHRITT 11 •

Vier Abnäher an der Handytasche vorbereiten.

a. Mit Schneiderkreide und Lineal an den Kanten beider Handytaschen-Teile Markierungen in 5 cm Abstand zu den Seitenkanten anzeichnen.

b. Das mit Einlage versteifte Teil an der ersten Markierung rechts auf rechts zusammenfalten und stecken. Auf der linken Stoffseite auf der Bruchkante 4 cm unter der Oberkante eine Markierung anzeichnen. An der Oberkante 1 cm neben dem Bruch beginnend eine schräge Naht steppen, die an der 4-cm-Markierung auf dem Bruch endet. Anfang und Ende der Naht mit Rückstichen verriegeln.

c. Den zweiten oberen und die beiden unteren Abnäher an der versteiften Tasche ebenso nähen.

d. Alle vier Abnäher am unversteiften Taschenteil, das als Futter dient, ebenso einsteppen.

• SCHRITT 12 •

Die Handytasche nähen.

a. Außenseite und Futter der Handytasche rechts auf rechts aufeinanderlegen. Die Abnäher aufeinander ausrichten und die Kanten zusammenstecken.

b. Ringsherum steppfußbreit zusammennähen, aber an einer Längsseite eine 6 cm lange Öffnung lassen. Anfang und Ende der Naht mit Rückstichen verriegeln.

c. Die Nahtzugaben an den Ecken schräg abschneiden, dabei aber nicht die Naht beschädigen.

d. Die Tasche auf rechts wenden und die Ecken mit einer Wendehilfe spitz herausdrücken. Bügeln. Die Nahtzugaben von Außenstoff und Futter an der Öffnung nach innen einschlagen und feststecken. (Die Öffnung wird beim Aufnähen der Tasche geschlossen.)

e. Die Oberkante der Tasche knappkantig absteppen und die Nahtenden verriegeln.

• SCHRITT 13 •

Die Handytasche auf die Außenseite der Tasche nähen.

a. Auf einem Seitenteil an beiden Enden 5 cm unterhalb der Oberkante eine Markierung anzeichnen. Die Markierungen mit einer Hilfslinie verbinden. Beidseitig im Abstand von 2,5 cm zu dieser Linie Markierungen anzeichnen.

b. Die Oberkante der Handy-Tasche an der Hilfslinie anlegen, die Seitenkanten der Tasche stoßen an die 2,5-cm-Markierungen. Seiten- und Unterkanten der Tasche feststecken. (Die Tasche wölbt sich etwas vor.)

c. Beide Seiten und die Unterkante der Tasche knappkantig aufsteppen. Anfang und Ende der Naht mit Rückstichen verriegeln.

• SCHRITT 14 •

Den Magnetverschluss anbringen.

a. Das Hauptteil längs zur Hälfte falten und den Mittelbruch einbügeln.

b. Auf dem Mittelbruch 7,5 cm unter der Oberkante eine Markierung anzeichnen.

c. Eine Seite des Magnetverschlusses gemäß Herstelleranweisung direkt unter dieser Markierung auf dem Mittelbruch anbringen.

d. Das Futter des vorderen Verschlusses längs zur Hälfte falten und den Mittelbruch einbügeln.

e. Auf dem Mittelbruch 2,5 cm über der Unterkante eine Markierung anzeichnen.

f. Die zweite Seite des Magnetverschlusses gemäß Herstelleranweisung direkt über dieser Markierung auf dem Mittelbruch anbringen.

• SCHRITT 15 •

Haupt- und Seitenteile des Außenstoffs zusammennähen.

Nähen Sie die Teile aus Außenstoff gemäß Schritt 5. Überlegen Sie zuerst, auf welcher Schulter Sie die Tasche normalerweise tragen werden. Die Handy-Tasche sollte sich auf dem Seitenteil befinden, das beim Tragen nach vorn zeigt.

• SCHRITT 16 •

Den Boden an die Außenteile setzen.

Verarbeiten Sie den Außenstoff gemäß Schritt 9.

• SCHRITT 17 •

Die Henkel an die Außenteile setzen.

Gehen Sie wie in Schritt 10 vor, jedoch mit dem Außenstoff.

• SCHRITT 18 •

Die äußere Tasche auf rechts wenden.

Die Ecken mit einer Wendehilfe spitz herausdrücken.
Die Nähte bügeln. Dann die äußere Tasche beiseitelegen.

• SCHRITT 19 •

Den vorderen Verschluss nähen.

a. Die beiden vorderen Verschlussteile rechts auf rechts aufeinander ausrichten und zusammenstecken. Die Längsseiten und den unteren Bogen steppfußbreit zusammennähen. Die Nahtzugaben an den Ecken schräg abschneiden und im Bereich der Rundung in Abständen von 1–2 cm einknipsen. Dabei nicht die Naht einschneiden.

b. Den Verschluss auf rechts wenden, die Ecken herausdrücken und bügeln. Längsseiten und Bogen knappkantig absteppen. Anfang und Ende der Naht mit Rückstichen verriegeln.

• SCHRITT 20 •

Den Verschluss ans hintere Außenteil setzen.

(ZEICHNUNG 3)

a. Den Verschluss und das hintere Außenteil rechts auf rechts aufeinanderlegen, dabei die unversäuberten Kanten und die Mittelbrüche ausrichten. Der Magnetverschluss zeigt nach außen. Die Teile zusammenstecken.

b. Die Kanten mit der Maschine knappkantig zusammenheften.

• SCHRITT 21 •

Außenstoff und Futter zusammennähen. (ZEICHNUNG 3)

a. Das Futter über die äußere Tasche schieben. Dabei zeigt die rechte Stoffseite des Außenstoffs und die linke Stoffseite des Futters nach außen. Die Oberkanten und fortlaufend die Außenkanten der Henkel zusammenstecken.

b. Die Außenkanten von Hauptteilen und Henkeln steppfußbreit zusammennähen. Anfang und Ende der Naht mit Rückstichen verriegeln. (Die Innenkanten der Henkel bleiben vorerst offen, sie werden in Schritt 23 geschlossen.)

• SCHRITT 22 •

Die Außenkanten fertigstellen. (ZEICHNUNG 3)

a. Die Tasche durch eine der Henkel-Öffnungen auf rechts wenden. Die Ecken mit einer Wendehilfe herausdrücken. Das Futter in die Tasche schieben. Die Tasche bügeln.

b. Die zusammengenähten Außenkanten knappkantig absteppen. Anfang und Ende der Naht mit Rückstichen verriegeln.

• SCHRITT 23 •

Die Öffnung an Hauptteil und Henkel-Innenkanten schließen. (ZEICHNUNG 3)

a. 1 cm neben den unversäuberten Kanten der Henkel und der Öffnung am Hauptteil eine Verstärkungsnaht* steppen.

b. Die Nahtzugaben in den Ecken des Hauptteils einknipsen, aber nicht die Naht einschneiden.

c. Die unversäuberten Kanten der Hauptteile und Henkel gut 1 cm breit nach innen einschlagen und zusammenstecken.

d. Die gesteckten Kanten an Vorder- und Rückseite der Tasche einschließlich Henkel knappkantig absteppen. Anfang und Ende der Naht mit Rückstichen verriegeln. (Damit ist auch der vordere Verschluss an der Tasche befestigt.)

e. Die Tasche sorgfältig bügeln.

Zeichnung 1.

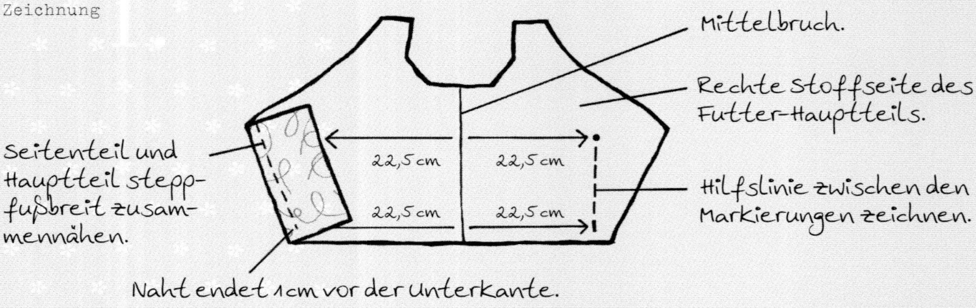

Zeichnung 2.

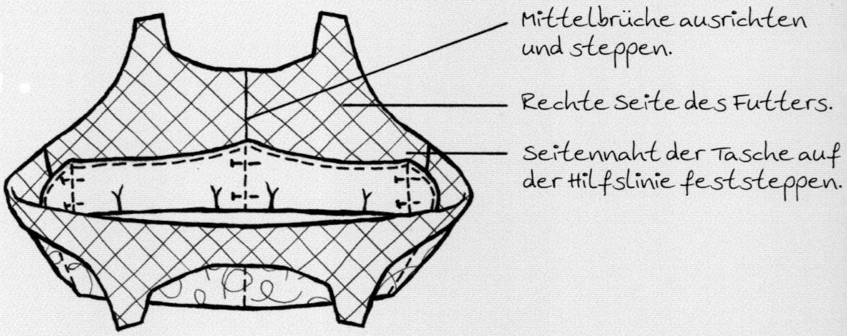

Zeichnung 3.

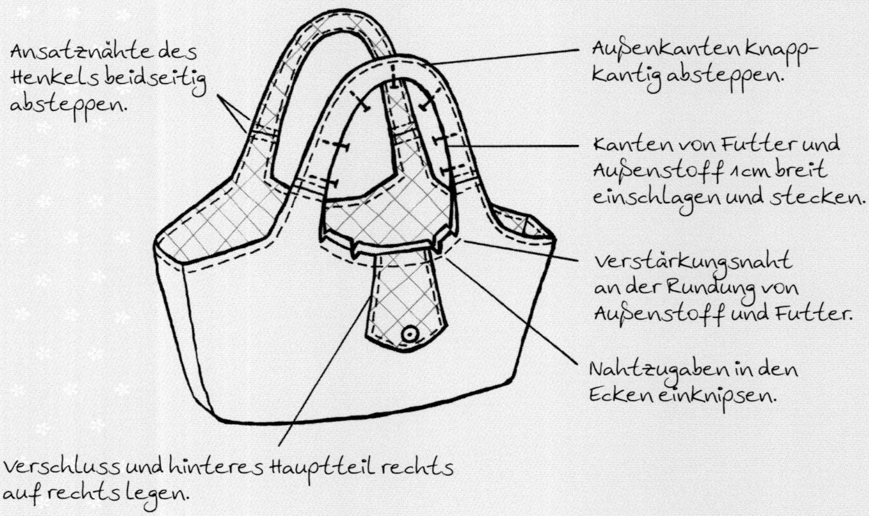

Wickelunterlage

• SCHRITT 1 •

Alle Teile aus dem Stoff zuschneiden.

Die folgenden Maße direkt auf der rechten Stoffseite anzeichnen. Dann die Teile auf den angezeichneten Linien zuschneiden.

a. Aus dem Außenstoff:

- 1 Rückseite: 47,5 x 62,5 cm
- 1 Band: 10 x 30 cm

b. Aus dem Frottee:

- 1 Vorderseite: 47,5 x 62,5 cm

c. Aus dem Wattier-Vlies:

- 2 Teile: 52,5 x 67,5 cm

• SCHRITT 2 •

Hilfslinien zum Steppen anzeichnen.

a. Auf der rechten Stoffseite des Außenstoffs an Ober- und Unterkante bei folgenden Maßen Markierungen anzeichnen: 9 cm, 16 cm, 24 cm, 31 cm und 39 cm. An beiden Seitenkanten bei folgenden Maßen Markierungen anzeichnen: 9 cm, 16 cm, 24 cm, 31 cm, 39 cm, 46 cm und 54 cm.

b. Die Markierungen in Längs- und Querrichtung verbinden, so dass ein Raster entsteht.

• SCHRITT 3 •

Das Band nähen*.

Eine Anleitung zum Nähen eines Bandes finden Sie auf Seite 172.

• SCHRITT 4 •

Das Klettband ans Band nähen.

a. In 4 cm Abstand zum unversäuberten Ende des Bandes eine Markierung anzeichnen. Ein 2,5 cm langes Stück Klettband (harte Seite) mittig auf der Markierung feststecken und ringsherum knappkantig aufsteppen. Anfang und Ende der Naht mit Rückstichen verriegeln.

b. Das Band umdrehen und ein 2,5 cm langes Stück Klettband (weiche Seite) mittig in 3 mm Abstand vom versäuberten Ende feststecken. Knappkantig ringsherum aufsteppen und verriegeln.

• SCHRITT 5 •

Das Band an die Rückseite nähen.

Das Band auf die Rückseite der Wickelunterlage legen, das harte Klettband zeigt dabei nach unten. Das unversäuberte Ende mittig auf der senkrechten 24-cm-Markierung ausrichten und knappkantig mit der Maschine festheften.

• SCHRITT 6 •

Die Wickelunterlage zusammennähen

a. Die Rückseite der Wickelunterlage (rechte Stoffseite nach oben) mittig auf die beiden Teile aus Wattier-Vlies legen. Feststecken und mit der Maschine ringsherum knappkantig zusammenheften.

b. Überstehende Vliesränder sauber abschneiden.

c. Vorder- und Rückseite der Wickelunterlage rechts auf rechts aufeinanderlegen und zusammenstecken. Ringsherum steppfußbreit zusammennähen. Dabei an einer Seite eine 10 cm lange Öffnung lassen. Anfang und Ende der Naht mit Rückstichen verriegeln.

d. Die Nahtzugaben an den Ecken schräg abschneiden, aber dabei nicht die Naht beschädigen.

e. Die Wickelunterlage auf rechts wenden und die Ecken mit einer Wendehilfe herausdrücken. Bügeln. Die Nahtzugaben an der Öffnung nach innen einschlagen und zusammenstecken. Die Außenkante der Wickelunterlage ringsum knappkantig absteppen und verriegeln. Sorgfältig bügeln.

• SCHRITT 7 •

Die Wickelunterlage steppen.

a. Vorder- und Rückseite an den angezeichneten Stepplinien aufeinander feststecken.

b. Nun auf der Rückseite zuerst die senkrechte Mittellinie steppen. Anfang und Ende der Naht mit Rückstichen verriegeln. Von der Mitte nach außen die weiteren senkrechten Linien steppen.

c. Dann die waagerechten Linien steppen – wieder von der Mitte nach außen. Alle Nahtenden mit Rückstichen verriegeln. Die Fäden abschneiden und die Wickelunterlage bügeln.

Kapitel: 5

Für das Kinderzimmer

* PATCHWORK-KRABBELDECKE * ÄFFCHEN-WÄSCHEBEUTEL
* SCHLUMMERSCHNECKE MIT ABNEHMBAREN KISSEN * WICKELTISCH-AUFLAGE

Trends machen an der Kinderzimmertür nicht halt. Warum auch? Schließlich soll die direkte Umgebung eines Babys freundlich und anregend sein – auch für die Eltern. Eine hübsche Patchwork-Decke kann man immer gebrauchen, und auch die Auflage für den Wickeltisch darf attraktiv aussehen. Der Äffchen-Wäschebeutel und die schläfrige Schnecke zum Kuscheln machen großen und kleinen Kinderzimmer-Benutzern Spaß.

PATCHWORK-KRABBELDECKE ⇛

Anleitung: S. 116

SCHWIERIGKEITSGRAD 3*

ÄFFCHEN-WÄSCHEBEUTEL ⇒

Anleitung: S. 119

SCHLUMMERSCHNECKE MIT ABNEHMBAREN KISSEN ⇛ Anleitung: S.124

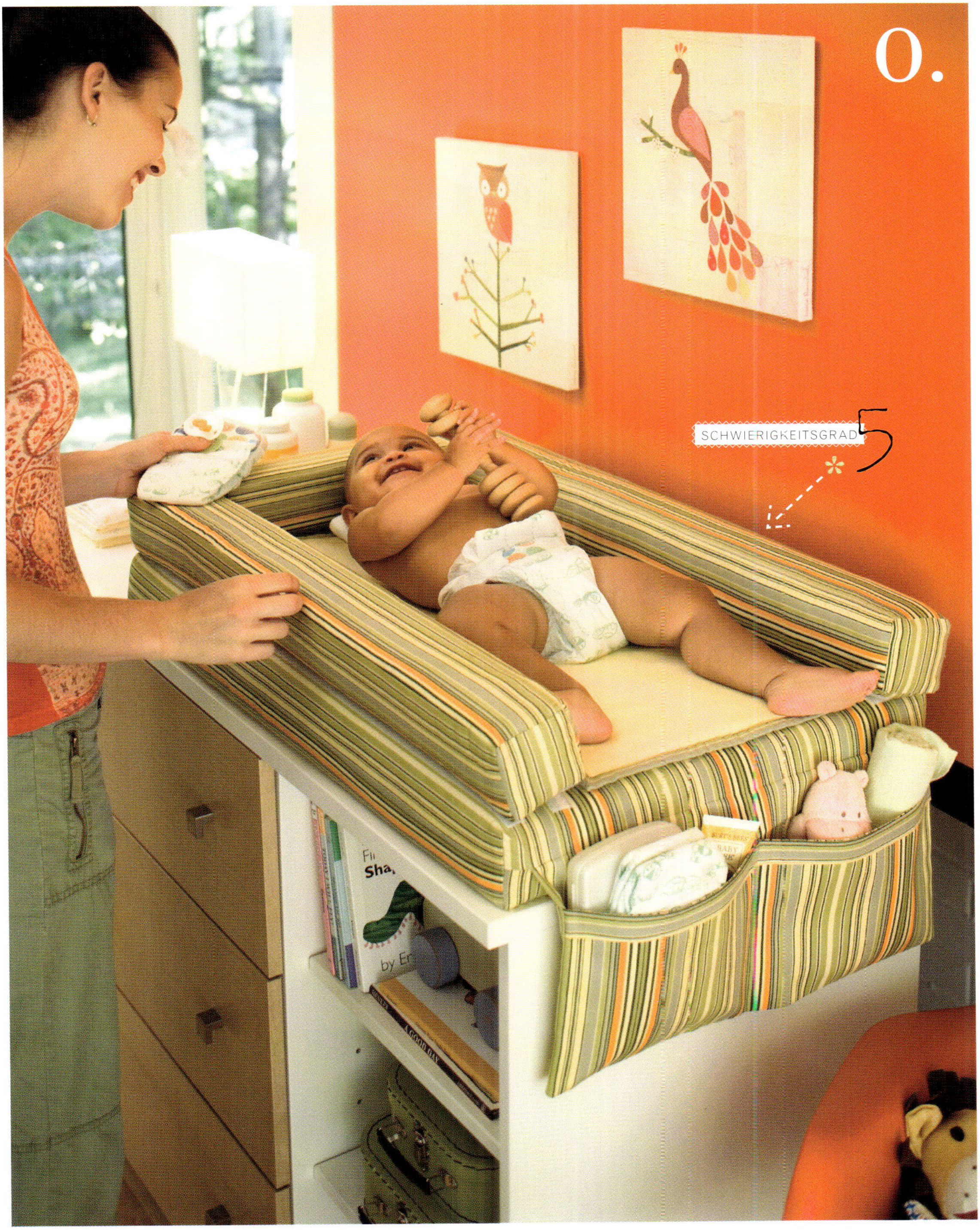

WICKELTISCH-AUFLAGE ⇛

Anleitung: S.128

1.

Patchwork-Krabbeldecke

Fertige Größe: 85 x 110 cm
Schwierigkeitsgrad: 2

Auf der weich wattierten Patchwork-Decke lässt es sich prima kuscheln und spielen, und zum Transport oder Verstauen wird sie einfach zusammengerollt. Stimmen Sie die Farben auf die Kinderzimmer-Einrichtung ab oder kombinieren Sie nostalgische und moderne Muster.

STOFFE

* je 80 cm (110 oder 135 cm breit) von zwei verschiedenen, mittelfesten Druckstoffen für die Vorderseite (Stoffe A und B)

* je 50 cm (110 oder 135 cm breit) von zwei verschiedenen, mittelfesten Druckstoffen für die Vorderseite (Stoffe C und D)

* 205 cm (110 oder 135 cm breit) passender mittelfester Stoff für Rückseite und Einfassung

ZUBEHÖR

* 95 cm (110 cm breit) Wattiervlies

* 1 große Rolle passendes Allzweck-Nähgarn

* Lange Nähnadel oder große Sicherheitsnadeln

* kontrastfarbiges Garn zum Heften

* Oberstofftransporter für die Nähmaschine (nach Wunsch, siehe Hinweis)

* Malerkrepp (nach Wunsch)

HINWEIS

* Ein Oberstofftransporter ist nicht unbedingt erforderlich, erleichtert aber das Steppen, weil er verhindert, dass sich die Stofflagen aufeinander verschieben.

• SCHRITT 1 •

Alle Teile aus dem Stoff zuschneiden.

a. Mit Schneiderkreide und Lineal alle Maße direkt auf der rechten Stoffseite anzeichnen. Dann die Teile auf den angezeichneten Linien zuschneiden und nach Stoffen und Formaten sortieren. Der Schrägstreifen wird erst in Schritt 7 aus dem restlichen Stoff für die Rückseite zugeschnitten.

b. Aus Stoff A:
– 16 Stücke, je 13 x 16 cm (für Block #2)
– 4 Streifen, je 5 x 30 cm (für Block #1)
– 4 Streifen, je 5,5 x 30 cm (Für Block #3)

c. Aus Stoff B:
– 16 Stücke, je 13 x 16 cm (für Block #2)
– 4 Streifen, je 7,5 x 30 cm (für Block #1)
– 4 Streifen, je 6 x 30 cm (für Block #3)

d. Aus Stoff C:
– 4 Streifen, je 9,5 x 30 cm (für Block #1)
– 4 Streifen, je 10,5 x 30 cm (für Block #3)

e. Aus Stoff D:
– 4 Streifen, je 9,5 x 30 cm (für Block #1)
– 4 Streifen, je 9 x 30 cm (für Block #3)

f. Aus dem Stoff für die Rückseite:

– 1 Stück, Teil 95 x 120 cm

g. Aus dem Wattier-Vlies:

– 1 Stück, 95 x 120 cm

• SCHRITT 2 •

Die Blöcke zusammensetzen. (ZEICHNUNG 1)

a. Block #1:

– Einen 9,5 cm breiten Streifen von Stoff C und einen 5 cm breiten Streifen von Stoff A rechts auf rechts an einer Längskante zusammenstecken und steppfußbreit zusammennähen. Einen 7,5 cm langen Streifen von Stoff B rechts auf rechts auf den angesetzten Streifen aus Stoff A legen. Die Längskanten zusammenstecken und steppfußbreit zusammennähen. Einen 9,5 cm langen Streifen von Stoff D rechts auf rechts auf den angesetzten Streifen aus Stoff B legen. Die Längskanten zusammenstecken und steppfußbreit zusammennähen. Anfang und Ende aller Nähte mit Rückstichen verriegeln.

– Alle Nahtzugaben zu einer Seite bügeln.

– Auf die gleiche Weise drei weitere Blöcke in dieser Zusammensetzung nähen.

b. Block #2:

– Zwei 13 x 16 cm große Stücke von Stoff A und B rechts auf rechts aufeinanderlegen. Eine Längskante zusammenstecken und steppfußbreit zusammennähen. Ein weiteres Stück in der gleichen Stoffkombination nähen.

– Die beiden zusammengesetzten Stücke rechts auf rechts legen, aber die Stoffe diagonal versetzt anordnen. Eine Längsseite (mit Quernaht) zusammenstecken und steppfußbreit zusammennähen. Alle Nahtenden mit Rückstichen verriegeln.

– Alle Nahtzugaben zu einer Seite bügeln.

– Sieben weitere Blöcke #2 in der gleichen Weise nähen.

c. Block #3:

– Einen 10,5 cm breiten Streifen von Stoff C und einen 5,5 cm breiten Streifen von Stoff A rechts auf rechts aufeinanderlegen, an einer Längsseite zusammenstecken und steppfußbreit zusammennähen.

– Einen 9 cm breiten Streifen von Stoff D rechts auf rechts auf den angesetzten Streifen aus Stoff A legen. Die Längskanten zusammenstecken und steppfußbreit zusammennähen. Einen 6 cm breiten Streifen aus Stoff B rechts auf rechts auf den angesetzten Streifen aus Stoff D legen. Die Längskanten zusammenstecken und steppfußbreit zusammennähen. Alle Nahtenden mit Rückstichen verriegeln.

– Alle Nahtzugaben zu einer Seite bügeln.

– Drei weitere Blöcke #3 auf die gleiche Weise nähen.

• SCHRITT 3 •

Die Blöcke auslegen und zusammensetzen.

a. Die fertigen Blöcke auf einer großen Arbeitsfläche in der folgenden Anordnung ausbreiten:

– Reihe 1 (oben) #1, #2, #3, #2

– Reihe 2 #2, #3, #2, #1

– Reihe 3 #3, #2, #1, #2

– Reihe 4 #2, #1, #2, #3

b. Mit dem Zusammensetzen an der unteren, linken Ecke beginnen. Je einen Block #1 und #2 rechts auf rechts aufeinanderlegen. An einer langen, unversäuberten Kante ausrichten und zusammenstecken. Die Kante steppfußbreit zusammennähen.

c. Einen Block #3 rechts auf rechts an den eben angenähten Block #2 legen. Die unversäuberten Längsseiten ausrichten, zusammenstecken und steppfußbreit zusammennähen.

d. Einen zweiten Block #2 rechts auf rechts an der Längskante des eben angenähten Blocks #3 anlegen, stecken und steppfußbreit annähen. Alle Nahtenden mit Rückstichen verriegeln.

e. Alle Nahtzugaben zu einer Seite bügeln.

f. Die Blöcke der zweiten Reihe ebenso zusammennähen. Die Nahtzugaben in die entgegengesetzte Richtung wie in der ersten Reihe bügeln. Die Blöcke der dritten Reihe zusammennähen und die Nahtzugaben in die gleiche Richtung wie in der ersten Reihe bügeln. Die Blöcke der vierten Reihe zusammennähen und die Nahtzugaben wie in Reihe 2 bügeln.

• SCHRITT 4 •

Die Reihen zusammensetzen.

a. Reihe 1 und 2 rechts auf rechts aufeinanderlegen und die oberen Längskanten zusammenstecken. Dabei die Kanten und die Quernähte aufeinander ausrichten. Die Längsseite steppfußbreit zusammennähen. Anfang und Ende der Naht mit Rückstichen verriegeln.

b. Die Oberkante von Reihe 3 ebenso an die Unterkante von Reihe 2 steppen, dann die Oberkante von Reihe 4 an die Unterkante von Reihe 3 nähen.

c. Alle Nahtzugaben nach unten bügeln.

• SCHRITT 5 •

Die Decke zusammennähen.

a. Die Rückseite der Decke mit der linken Stoffseite nach oben auf einer großen Arbeitsfläche ausbreiten und glatt streichen. Es erleichtert das anschließende Heften, wenn Sie die Kanten mit Malerkrepp auf der Arbeitsfläche festkleben.

b. Das Wattier-Vlies auf dem Stoff ausbreiten und glatt streichen.

c. Die Patchwork-Vorderseite mit der rechten Stoffseite nach oben auf die Wattierung legen.

d. Alle Lagen mit großen Sicherheitsnadeln zusammenstecken oder von Hand mit kontrastfarbigem Garn und großen Stichen zusammenheften.

• SCHRITT 6 •

Die Decke steppen.

a. Die Decke von der Mitte nach außen jeweils im Nahtschatten steppen. Anfang und Ende jeder Steppnaht mit Rückstichen verriegeln.

b. Beim Steppen die Decke aufrollen, damit sie nicht unhandlich herabhängt.

c. Nach dem Steppen die überstehenden Ränder der Wattierung bündig mit dem Oberstoff sauber abschneiden.

• SCHRITT 7 •

Die Schrägstreifen zuschneiden, vorbereiten und ansetzen.

Eine genaue Anleitung zum Zuschneiden und Zusammensetzen der Schrägstreifen finden Sie im Anhang ab Seite 169. Die Streifen 8 cm breit zuschneiden und zu einer Gesamtlänge von 425 cm zusammensetzen. Den Streifen steppfußbreit an die Vorderseite der Decke nähen. Die Ecken als Briefecken arbeiten. Dann den Streifen zur Rückseite umschlagen und feststeppen.

Zeichnung 1.

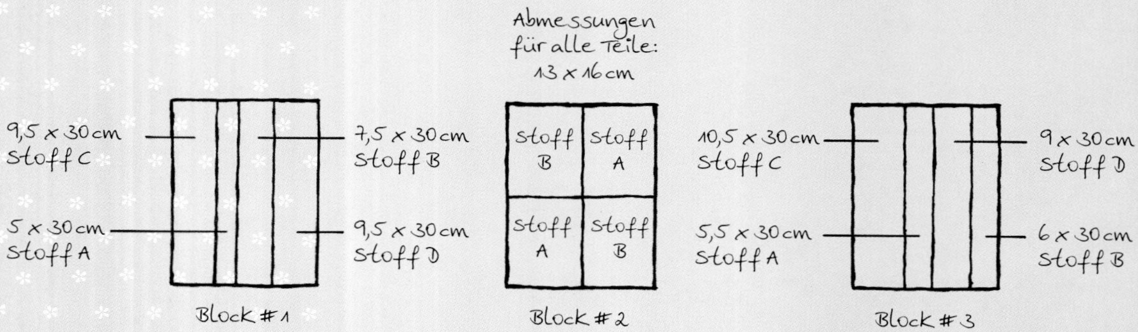

m.

Äffchen-Wäschebeutel

Fertige Größe: 45 x 62,5 cm (plus Schwanz)
Schwierigkeitsgrad: 3

Das witzige Äffchen ist so unwiderstehlich, dass sich die Mühe beim Nähen absolut lohnt. Es hat eine praktische Öffnung auf der Vorderseite, nimmt Maschinenwäsche nicht übel und kann an seinen Schlaufen griffbereit am Bettchen, am Türgriff oder an einem Wandhaken aufgehängt werden.

STOFFE

* 205 cm (110 cm breit) leichter bis mittelfester Stoff oder 150 cm (135 cm breit) festerer Dekostoff für Außenseite, Futter und Zugbänder
* 50 cm (110 cm breit) brauner Stoff für Körper, Kopf, äußere Ohren und Schwanz des Affen
* Reststück (10 x 22,5 cm) Stoff in Weiß oder Creme für Maul, innere Ohren und Füße

ZUBEHÖR

* 140 cm (50 cm breit) mittelfeste, gewebte Einlage zum Aufbügeln (wir verwenden Pellon-Stacy-Shape-Flex 101 von Freudenberg)
* 50 cm (42,5 cm breit) Haftvlies zum Aufbügeln (z. B. Vliesofix von Freudenberg) zum Fixieren von Maul und Körper
* 30 cm (2 cm breit) Klettband zum Aufnähen
* 1 Rolle passendes Allzweck-Nähgarn
* 1 Beutel (350 g) Naturfaser-Füllwatte
* Kopierrädchen und Schneider-Kopierpapier
* 1 Strang schwarzer Sticktwist zum Aufsticken des Gesichts
* Sticknadel
* Große Sicherheitsnadel

• SCHRITT 1 •

Die Schnittmusterteile zuschneiden.

Aus dem Schnittmusterbogen in der Einstecktasche vorn im Buch die folgenden Teile ausschneiden:

– Schwanz
– Fuß
– Kopf
– Körper
– Inneres Ohr
– Äußeres Ohr
– Maul

• SCHRITT 2 •

Alle Teile aus dem Stoff zuschneiden.

a. Mit Schneiderkreide und Lineal die folgenden Maße direkt auf der rechten Stoffseite anzeichnen. Die Teile auf den angezeichneten Linien zuschneiden.

b. Aus dem Stoff für Außenseite/Futter:

– 2 Rückseiten, je 47,5 x 65 cm
– 4 Vorderteile, je 25 x 65 cm
– 4 Streifen für Zugbänder, je 10 x 56 cm

c. Den braunen Stoff links auf links falten und zuschneiden:
- 2 x Kopf
- 2 x Schwanz
- 4 x äußeres Ohr

d. Den restlichen braunen Stoff ausbreiten und auf die Rückseite Haftvlies gemäß Herstelleranweisung aufbügeln. Das Schnittmuster für den Körper mit der Vorderseite nach unten auf das Haftvlies legen und nachzeichnen. Dann zuschneiden:
- 1 Körper

e. Auf die linke Seite des weißen oder cremefarbenen Stoffs Haftvlies gemäß Herstelleranweisung aufbügeln. Die Schnittmusterteile mit der Vorderseite nach unten auf das Vlies legen und die Konturen nachzeichnen. Dann zuschneiden:
- 1 Maul
- 2 innere Ohren
- 2 Füße

f. Aus der Aufbügel-Einlage:
- 1 Rückseite, 47,5 x 65 cm
- 2 Vorderteile, je 25 x 65 cm

g. Aus dem Klettband:
- 1 Streifen, 16 cm
- 1 Streifen, 12,5 cm

Die Streifen mit weicher Seite auf 10 cm kürzen.

• SCHRITT 3 •

Die Einlage aufbügeln.

a. Eine Beutel-Rückseite mit der rechten Stoffseite nach oben auf die Einlage legen. Gemäß Herstelleranweisung aufbügeln, dabei das Bügeleisen auf »Wolle« stellen.

b. Zwei Beutel-Vorderteile ebenso mit Einlage verstärken.

• SCHRITT 4 •

Die äußere Vorderseite nähen.

a. Die beiden Vorderteile rechts auf rechts aufeinanderlegen und an einer Längsseite zusammenstecken. Für die Öffnung in Abständen von 12,5 cm und 37,5 cm zur Oberkante Markierungen anzeichnen.

b. Nun die gesteckte Kante steppfußbreit zusammennähen: von oben bis zur 12,5-cm-Markierung und von der 37,5-cm-Markierung bis unten. Es bleibt ein 25 cm langes Stück offen. Anfang und Ende der Naht mit Rückstichen verriegeln.

c. Die Nahtzugaben auseinanderbügeln.

• SCHRITT 5 •

Den Affenkörper auf die Beutel-Vorderseite applizieren.

a. Das Trägerpapier vom Haftvlies an den Füßen abziehen und die Füße gemäß Herstelleranweisung auf die rechte Stoffseite des Affenkörpers bügeln. Dann die Konturen der Füße mit sehr engen Zickzackstichen nachsteppen.

b. Den Körper unten auf die zusammengesetzten Vorderteile legen, dabei zeigen alle rechten Stoffseiten nach oben. Die geraden Unterkanten ausrichten und zusammenstecken. Der Hals des Affen liegt etwa 2,5 cm von der rechten Beutelkante entfernt.

c. Das Trägerpapier vom Haftvlies abziehen und den Körper auf den Beutel bügeln. Anschließend die Körperkontur mit engen Zickzackstichen applizieren – aber nicht entlang der geraden Unterkante.

• SCHRITT 6 •

Den Affenschwanz nähen.

a. Beide Schwanz-Teile rechts auf rechts aufeinanderlegen. Die Außenkanten zusammenstecken und mit kurzen Stichen steppfußbreit zusammennähen. Anfang und Ende der Naht mit Rückstichen verriegeln. Die gerade Schmalseite bleibt offen.

b. Die Nahtzugaben auf 5 mm zurückschneiden.

c. Den Schwanz auf rechts wenden und fest mit Füllwatte ausstopfen. Nur die obersten 2,5 cm ungefüllt lassen. Dann die offene Schmalseite knappkantig zusteppen. Anfang und Ende der Naht mit Rückstichen verriegeln.

• SCHRITT 7 •

Den Schwanz annähen und den äußeren Beutel fertigstellen. (ZEICHNUNG 1)

a. Jeweils 6 cm oberhalb und links von der unteren, rechten Ecke eine Markierung anzeichnen.

b. Die Unterkante des 12,5 cm langen Klettbands (harte Seite) schräg zwischen den Markierungen feststecken und knappkantig feststeppen. Den zweiten, längeren Klettbandstreifen (harte Seite) knapp 1 cm oberhalb feststecken und ebenfalls knappkantig feststeppen. Alle Nahtenden mit Rückstichen verriegeln. An den Kanten des Vorderteils überstehende Klettband-Ecken abschneiden.

c. Das zugeheftete Schwanzende im Abstand von 2,5 cm zur Seitenkante so an die Beutelunterkante stecken, dass die Schwanzkrümmung nach außen zeigt. Mit der Maschine festheften.

d. Vorder- und Rückseite des Beutels rechts auf rechts aufeinanderlegen. Die seitlichen und unteren Stoffkanten ausrichten und zusammenstecken.

e. An beiden Seiten jeweils 4 cm und 6 cm unterhalb der Oberkante Markierungen anbringen. (Hier wird später das Band durchgezogen.)

f. Die Seitennaht von oben bis zur 4-cm-Markierung steppen, verriegeln und an der 6-cm-Markierung neu beginnen. Die restliche Seitennaht, die untere Naht und die zweite Seitennaht bis zur 6-cm-Markierung in einem Zug steppen, dann verriegeln. An der 4-cm-Markierung neu beginnen und den Rest der Naht schließen. Um den Schwanz gut zu fixieren, seinen Ansatz nochmals nachnähen.

g. Die Nahtzugaben an den Ecken abschrägen, aber nicht in die Naht schneiden. Die Nahtzugaben auseinanderbügeln.

h. Den Beutel auf rechts wenden. Die Ecken mit einem Hilfsmittel herausdrücken.

• SCHRITT 8 •

Das Futter nähen.

Die Futter-Vorderteile wie in Schritt 4 zusammensetzen. Rückseite und Vorderteile rechts auf rechts aufeinanderlegen. Seiten- und Unterkanten zusammenstecken. Seiten- und Unterkanten steppfußbreit zusammennähen und die Naht verriegeln.

• SCHRITT 9 •

Das Futter an den Außenstoff setzen.

a. Den äußeren Beutel auf rechts und das Futter auf links drehen. Das Futter über den äußeren Beutel ziehen. Seiten- und Vordernähte und die unversäuberten Oberkanten aufeinander ausrichten und zusammenstecken.

b. Die Oberkanten steppfußbreit zusammennähen. Die Nahtenden mit Rückstichen verriegeln.

c. Den Beutel durch die vordere Öffnung auf rechts wenden, das Futter ins Innere schieben. Die Oberkante bügeln.

d. Die Oberkante ringsherum knappkantig absteppen und die Naht verriegeln.

• SCHRITT 10 •

Den Tunnel für das Zugband nähen. (ZEICHNUNG 2)

Außenstoff und Futter zusammenstecken und 2,5 cm unterhalb der Oberkante ringsherum absteppen. Ein zweites Mal 5 cm unterhalb der Oberkante absteppen. Alle Nahtenden mit Rückstichen verriegeln.

• SCHRITT 11 •

Verarbeitung der vorderen Öffnung. (ZEICHNUNG 2)

a. An der vorderen Öffnung die eingeschlagenen Nahtzugaben von Außenstoff und Futter aufeinander ausrichten und feststecken.

b. Die Kanten der Öffnung knappkantig absteppen: An einer Seite abwärts, unten quer, an der anderen Seite aufwärts und oben wieder quer. Die Nahtenden mit Rückstichen verriegeln.

• SCHRITT 12 •

Den Affenkopf nähen.

a. Die Ohren nähen: (ZEICHNUNG 3)

- Vom Haftvlies auf dem inneren Ohr das Trägerpapier abziehen. Die Positionsmarkierungen vom Schnittmuster mit Schneider-Kopierpapier und einem Kopierrädchen oder mit Schneiderkreide auf die rechte Stoffseite der beiden äußeren Ohren übertragen. Die inneren Ohren auf die äußeren bügeln.
- Die inneren Ohren mit engen Maschinen-Zickzackstichen auf die äußeren applizieren.
- Vorder- und Rückseite jedes äußeren Ohrs rechts auf rechts legen und zusammenstecken
- Die Teile knappkantig zusammensteppen und die Nahtenden verriegeln. Die Unterkanten offen lassen.
- Die Nahtzugaben auf 5 mm zurückschneiden.
- Die Ohren auf rechts wenden und bügeln.
- Mit etwas Füllwatte ausstopfen, aber die unteren 2,5 cm leer lassen.
- Die unteren Enden mit der Maschine zuheften.

Zeichnung 1.

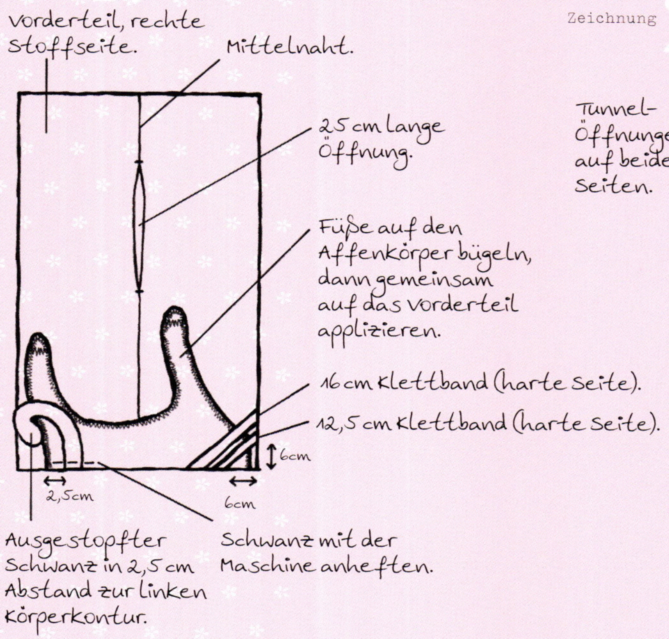

Zeichnung 2.

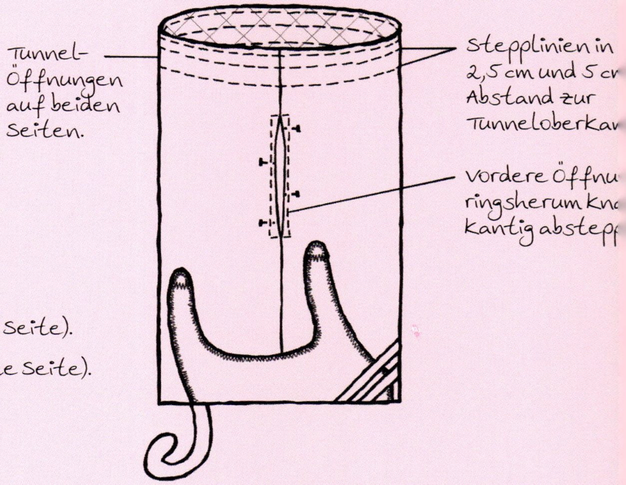

Zeichnung 3.

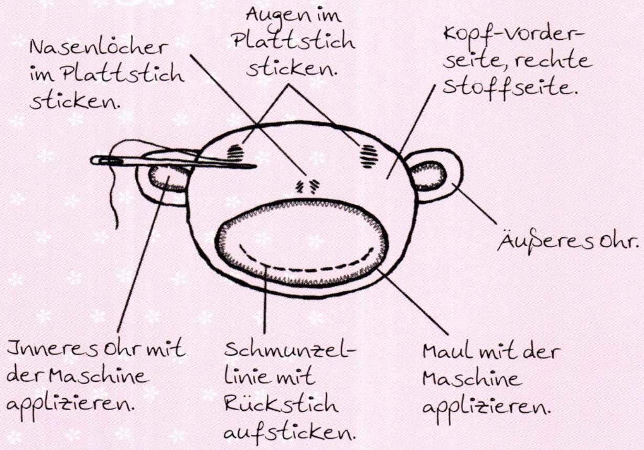

Zeichnung 4.

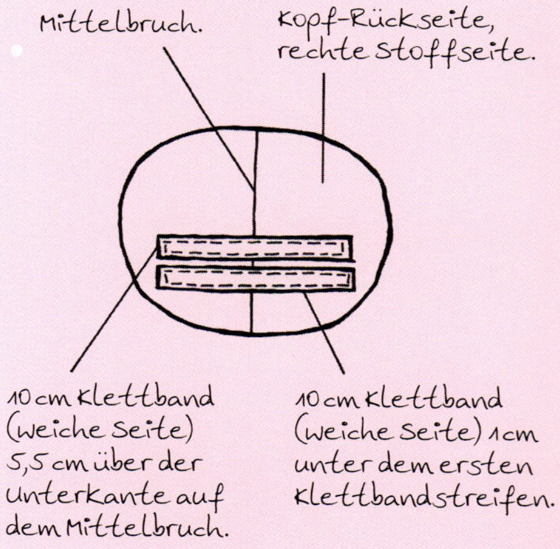

b. Den Kopf nähen: (ZEICHNUNG 3)

- Die Markierungen für Gesicht und Ohren vom Schnittmuster auf die Vorderseite des Kopfes übertragen.
- Vom Haftvlies am Maul das Trägerpapier abziehen.
- Die »Schmunzellinie« vom Schnittmuster auf das Maul übertragen.
- Das Maul auf die Vorderseite des Kopfes bügeln.
- Das Maul mit engen Maschinen-Zickzackstichen applizieren.
- Mit schwarzem Sticktwist im Rückstich* die »Schmunzellinie« aufsticken. Nasenlöcher und Augen mit Plattstich* aufsticken.
- Die Ohren an den Positonsmarkierungen rechts auf rechts an die Kopf-Vorderseite legen. Die Stoffkanten ausrichten, zusammenstecken und mit der Maschine zusammenheften.

c. Klettband an die Kopf-Rückseite nähen: (ZEICHNUNG 4)

- Die Kopf-Rückseite der Länge nach zur Hälfte falten und den Mittelbruch vorsichtig einbügeln.
- Einen 10 cm langen Klettband-Streifen (weiche Seite) 5,5 cm oberhalb der Kopf-Unterkante mittig auf den Bruch stecken und knappkantig aufsteppen.
- Den zweiten Klettband-Streifen (weiche Seite) knapp 1 cm unter dem ersten aufstecken und ebenfalls knappkantig aufsteppen. Alle Nahtenden mit Rückstichen verriegeln.

d. Vorder- und Rückseite des Kopfes rechts auf rechts legen, dabei liegen die Ohren zwischen den Teilen. Die Kanten zusammenstecken, mit kleinen Stichen zusammensteppen und verriegeln. Unten eine 7,5 cm große Öffnung lassen.

- Die Nahtzugabe auf 5 mm zurückschneiden.
- Den Kopf auf rechts wenden und bügeln.
- Den Kopf fest mit Füllwatte ausstopfen.
- Die Nahtzugaben an der Öffnung einschlagen und von Hand mit überwendlichen Stichen zunähen.

• SCHRITT 13 •

Die Zugbänder nähen und einziehen.

a. Zwei Stoffstreifen aufeinanderlegen und alle Kanten ausrichten. Eine Schmalseite stecken und steppfußbreit zusammennähen. Die Nahtenden verriegeln. Die Nahtzugaben auseinanderbügeln.

b. Die anderen beiden Streifen ebenso zusammennähen.

c. Dann gemäß der Anleitung auf Seite 172 zwei Bänder nähen.

d. Mit der Sicherheitsnadel das Band ringsherum durch den Tunnel ziehen, so dass beide Enden aus einer Öffnung hängen. Die Sicherheitsnadel entfernen.

e. Das zweite Band einziehen, aber so, dass die Enden aus der Öffnung in der anderen Seitennaht hängen.

f. Die Bandenden auf jeder Seite zusammenknoten.

g. Den Affenkopf mit Hilfe des Klettbandes befestigen.

n.

SCHLUMMERSCHNECKE

MIT ABNEHMBAREN KISSEN

Fertige Größe: 55 x 30 x 25 cm

Schwierigkeitsgrad: 3

Die bezaubernde Schnecke ist Dekoration, Spielzeug und Kissen zugleich. Auf den abnehmbaren Rüschenkissen kann der Winzling Siesta halten, und wenn sie einmal schmuddelig sind, wandern sie einfach in die Waschmaschine.

STOFFE

* 50 cm (110 oder 135 cm breit) mittelfester Unistoff für den Schneckenkörper (Stoff A)
* 80 cm (110 oder 135 cm breit) passender mittelfester Druckstoff für die Kissen und einige Streifen der Schnecke (Stoff B)
* 1 m (110 oder 135 cm breit) passender mittelfester Druckstoff für die Rüschen auf den Kissen (Stoff C)
* 25 cm (110 oder 135 cm breit) mittelfester Druckstoff für die Streifen der Schnecke (Stoff D)
* 25 cm (110 oder 135 cm breit) mittelfester Druckstoff für weitere Streifen der Schnecke (Stoff E)

HINWEIS:

* Wenn Sie einen Stoff verwenden, der nur 90 cm breit liegt, brauchen Sie von Stoff A einen Meter.

ZUBEHÖR

* 45 cm (2 cm breit) Klettband zum Aufnähen
* Kopierrädchen und Schneider-Kopierpapier
* 1 Rolle passendes Allzweck-Nähgarn
* Sticknadel zum Aufsticken des Gesichts
* 1 Strang passender Sticktwist
* 2 Beutel (insgesamt 700 g) Naturfaser-Füllwatte
* Pfeiltrenner*

• SCHRITT 1 •

Die Schnittmusterteile zuschneiden.

Aus dem Schnittmusterbogen in der Einstecktasche vorn im Buch ausschneiden:

– Körper
– Schneckenhaus-Kissen

• SCHRITT 2 •

Alle Teile aus dem Stoff zuschneiden.

a. Den Stoff der Länge nach links auf links zur Hälfte falten und anhand des Schnittmusters zwei Schneckenkörper zuschneiden. Wenn Sie 110 oder 90 cm breiten Stoff verwenden, den Stoff nicht falten, sondern zuerst einen Schneckenkörper zuschneiden, dann das Schnittmuster umdrehen (bedruckte Seite nach unten) und nochmals spiegelverkehrt zuschneiden.

b. Die weiteren Teile mit Hilfe der Schnittmuster zuschneiden oder die Maße direkt auf der rechten Stoffseite anzeichnen.

c. Stoff B der Länge nach links auf links zur Hälfte falten.

– 4 Schneckenhaus-Kissen (Schnittmuster)
– 2 Streifen, je 3 x 19 cm
– 4 Streifen, je 5,5 x 19 cm

d. Aus Stoff C:
- 4 Rüschen, je 24 x 100 cm

e. Aus Stoff D:
- 4 Streifen, je 4,5 x 19 cm
- 2 Streifen, je 3 x 19 cm

f. Aus Stoff E:
- 2 Streifen, je 5,5 x 19 cm
- 2 Streifen, je 4,5 x 19 cm
- 2 Streifen, je 3 x 19 cm

g. Aus dem Klettband (weiche und harte Seite):
- 1 Stück, 10 cm lang, für die obere Rückseite der Kissen
- 2 Stücke, je 2,5 cm lang, für die Vorderseite des Schneckenkörpers und die Kissen
- 2 Stücke, je 9 cm lang, für die Mitte von Schneckenkörper und Kissen
- 2 Stücke, je 5 cm lang, für die Rückseite des Schneckenkörpers und die Kissen

h. Die Ecken aller Klettband-Streifen abrunden (siehe Schnittmuster).

• SCHRITT 3 •

Die Markierungen vom Schnittmuster auf den Stoff übertragen.

a. Alle Markierungen auf den Schnittmustern mit Schneider-Kopierpapier und einem Kopierrädchen oder mit Schneiderkreide auf die entsprechenden Stoffteile übertragen.
- Die Markierungen für die Streifen am Rand von Vorder- und Rückseite des Schneckenkörpers anzeichnen. Jeweils die zusammengehörigen oberen und unteren Markierungen mit Hilfslinien verbinden.
- Die Positionsmarkierungen für das Klettband auf die rechte Stoffseite beider Körper übertragen.
- Augen und Maul auf der rechten Stoffseite des vorderen Körpers anzeichnen.
- Die 1-cm-Stepplinie auf der linken Stoffseite des vorderen Körpers anzeichnen.

b. Die spiralförmige Ansatzlinie der Rüsche auf das erste vordere Kissenteil übertragen. Dann das Schnittmuster umdrehen (bedruckte Seite unten) und die Spirale auf das zweite Kissen-Vorderteil zeichnen.

c. Die Klettband-Positionen auf der ersten Kissen-Rückseite anzeichnen. Dann das Schnittmuster umdrehen (bedruckte Seite unten) und die Positionen auf der zweiten Kissen-Rückseite anzeichnen.

• SCHRITT 4 •

Die Streifen vorbereiten und aufnähen. (ZEICHNUNG 1)

a. Die Längskanten aller Streifen 5 mm nach links umbügeln. Die Streifen zwischen den entsprechenden Hilfslinien auf Vorder- und Rückseite des Schneckenkörpers stecken und beide Längsseiten knappkantig aufsteppen. Alle Nahtenden mit Rückstichen verriegeln.

b. Die überstehenden Enden der Streifen bündig mit der Körperkontur abschneiden.

• SCHRITT 5 •

Das Gesicht aufsticken. (ZEICHNUNG 1)

Mit einer Sticknadel und Sticktwist Augen und Maul mit Plattstich auf die rechte Stoffseite des Körper-Vorderteils sticken.

• SCHRITT 6 •

Das Klettband (weiche Seite) an den Schneckenkörper nähen. (ZEICHNUNG 1)

Die Klettband-Teile an den markierten Positionen auf Vorder- und Rückseite des Schneckenkörpers stecken und ringsherum mit großen Zickzackstichen aufsteppen. Anfang und Ende der Naht mit Rückstichen verriegeln.

• SCHRITT 7 •

Den Schneckenkörper nähen.

a. Vorder- und Rückseite des Körpers rechts auf rechts aufeinanderlegen, Außenkanten und Streifen ausrichten und die Kanten zusammenstecken.

b. Die Außenkanten steppfußbreit zusammennähen, dabei am Bauch eine 7,5 cm lange Öffnung zum Wenden und Ausstopfen lassen. Die Nahtenden verriegeln.

c. An den engen Rundungen an Schwanz und Augen die Nahtzugaben auf 5 mm zurückschneiden und in Abständen einknipsen, aber nicht die Naht beschädigen.

Zeichnung 1.

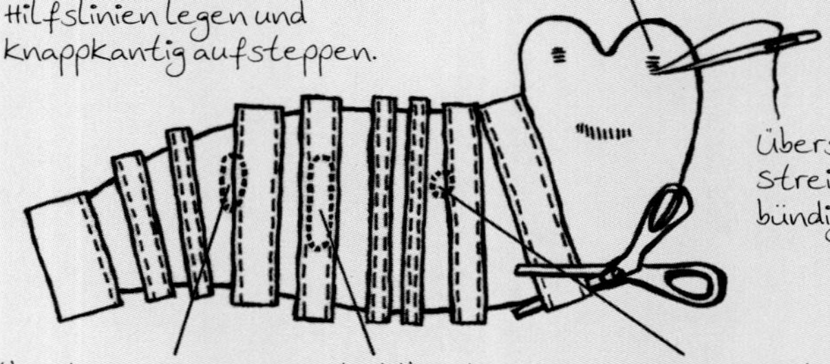

Zeichnung 2.

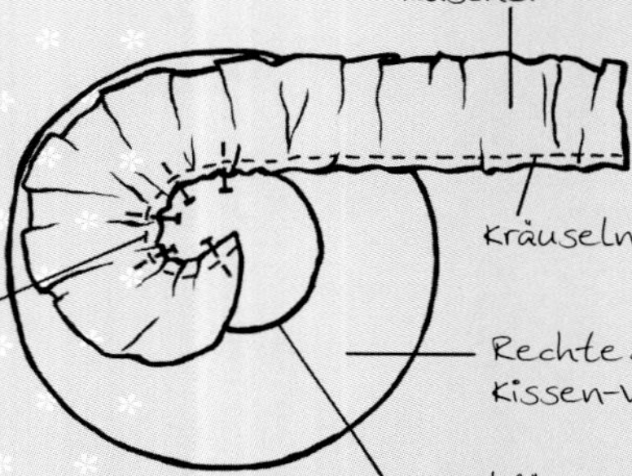

Zeichnung 3.

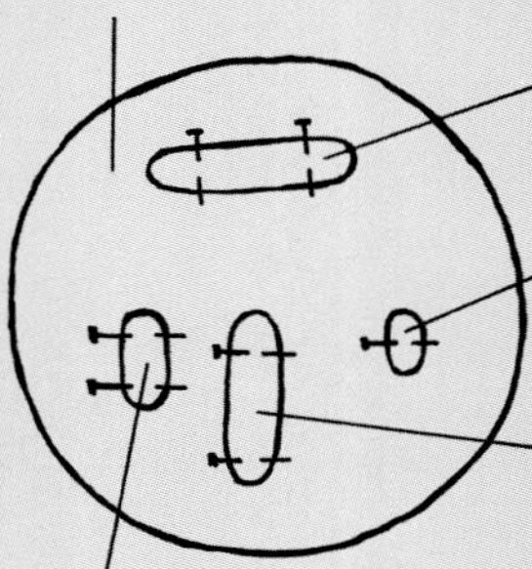

• SCHRITT 8 •

Die Schnecke ausstopfen.

a. Den Körper auf rechts wenden und bügeln.

b. Den Körper fest mit Füllwatte ausstopfen. Die Watte sorgfältig in Augen und Schwanzspitze schieben.

c. Die Stoffkanten an der Öffnung 1 cm breit nach innen umschlagen und zustecken. Von Hand mit überwendlichen Stichen zunähen. Beiseitelegen.

• SCHRITT 9 •

Die Rüsche nähen und an die Kissen-Vorderseite setzen. (ZEICHNUNG 2)

a. Zuerst zwei Rüschenstreifen rechts auf rechts aufeinanderlegen, eine Schmalseite ausrichten, zusammenstecken und steppfußbreit zusammennähen. Die Nahtenden verriegeln. Die Nahtzugaben auseinanderbügeln. Die beiden anderen Streifen ebenso zusammensetzen.

b. Den ersten Rüschenstreifen der Länge nach zur Hälfte falten. Die Längskanten aufeinander ausrichten und zusammenstecken. Die Längsseite und beide Schmalseiten steppfußbreit zusammennähen, dabei in der Mitte der Längsseite eine 10 cm lange Öffnung lassen. Die Nahtenden verriegeln.

c. Die Nahtzugaben an den Ecken schräg abschneiden, aber nicht die Naht beschädigen. Die Rüsche auf rechts wenden und die Ecken mit einer Wendehilfe herausdrücken. Die Rüsche bügeln.

d. Eine Schmalseite über Eck zur Längsseite falten und feststecken. 1 cm neben der Bruchkante mit großen Geradstichen entlangsteppen. Am Unterfaden ziehen, um die Rüsche zu kräuseln*, bis ihre Länge noch 70 cm beträgt. Den Kräuselfaden an den Enden der Rüsche mit Stecknadeln fixieren.

e. Die zweite Rüsche ebenso vorbereiten, aber hier das entgegengesetzte Ende dreieckig umfalten.

f. Die erste Rüsche auf die rechte Stoffseite des ersten Kissen-Vorderteils steppen. In der Mitte der Spirale das Ende so anlegen, dass die umgefaltete Ecke zum Kissen zeigt. Die Kräuselnaht auf der Spirale feststecken, aufsteppen und verriegeln. (ZEICHNUNG 2)

g. Die zweite Rüsche ebenso auf das andere Kissen-Vorderteil steppen.

• SCHRITT 10 •

Das Klettband an die Kissen-Rückseiten setzen.

(ZEICHNUNG 3)

a. Mit Hilfe des Schnittmusters die Klettband-Stücke (harte Seite) zuerst an einer Kissen-Rückseite feststecken:

- 10-cm-Stück an Position #1
- 2,5-cm-Stück an Position #2
- 9-cm-Stück an Position #3
- 5-cm-Stück an Position #4

Alle Stücke mit großen Zickzackstichen aufsteppen.

b. Auf der zweiten Kissen-Rückseite das 10 cm lange Stück Klettband an Position #1 feststecken. Die anderen Klettband-Stücke wie oben aufstecken und festnähen.

• SCHRITT 11 •

Die Schneckenhaus-Kissen nähen.

a. Je eine Kissen-Vorder- und Rückseite rechts auf rechts aufeinanderlegen und die Kanten zusammenstecken.

b. Steppfußbreit zusammennähen, dabei eine 10 cm lange Öffnung lassen. Anfang und Ende der Naht mit Rückstichen verriegeln. Die Nahtzugabe auf 5 mm zurückschneiden.

c. Das zweite Kissen ebenso nähen.

• SCHRITT 12 •

Die Kissen ausstopfen.

a. Ein Kissen auf rechts wenden und bügeln. Mit Füllwatte nicht zu fest ausstopfen. Die Nahtzugaben an der Öffnung einschlagen, zustecken und von Hand mit überwendlichen Stichen zusammennähen.

b. Das zweite Kissen ebenso fertigstellen.

• SCHRITT 13 •

Die Rüsche anheften.

a. Die Rückseite der Rüsche ans Kissen-Vorderteil legen und in Abständen von 5–7,5 cm mit kleinen Handstichen entlang der Kissen-Außenkante festnähen. Die zweite Rüsche ebenso fixieren.

b. Die Klettbänder des Kissens an Vorder- und Rückseite des Schneckenkörpers drücken. Die Kissen mit Hilfe der oberen Klettbänder miteinander verbinden.

O.

WICKELTISCH-AUFLAGE

Schaumstoffpolster – Fertige Größe: 50 x 80 x 7,5 cm
Lose Auflage – Fertige Größe: 31 x 69 cm
Schwierigkeitsgrad: 5

Diese weiche, strapazierfähige Auflage macht jede glatte Fläche zum Wickeltisch. In den Hängetaschen lassen sich Tücher, Windeln und Pflegemittel griffbereit verstauen, und die seitlichen Polster sind durch Klettband abnehmbar und waschbar. Ob Sie einen schlichten oder hübsch gemusterten Stoff wählen, liegt ganz bei Ihnen.

STOFFE

* 320 cm (110 oder 135 cm breit) mittelfester Druckstoff für Liegefläche, Taschen, Einfassung und Bezüge der seitlichen Polster
* 80 cm (110 cm breit) Baumwollflanell für die lose Auflage

ZUBEHÖR

* 1 m (50 cm breit) mittelfeste, gewebte Einlage zum Aufbügeln (wir verwenden Pellon-Stacy-Shape-Flex 101 von Freudenberg)
* 80 cm (110 cm breit) Volumen-Vlies zum Aufbügeln (wir verwenden Thermolam Plus)
* 170 cm (7,5 cm hoch, 60 cm breit) geschlossen-poriger Schaumstoff
* 1 Paket Polyester-Wattiervlies zum Auflegen auf den Schaumstoff
* 480 cm (2 cm breit) Klettband zum Aufnähen
* Elektromesser oder Brotmesser mit gezahnter Klinge
* 1 große Rolle passendes Allzweck-Nähgarn
* Malerkrepp
* Bügelkissen* oder aufgerolltes Handtuch

HINWEIS

* Die Abmessungen mit einem Filzstift auf dem Schaumstoff anzeichnen. Den Schaumstoff mit langen, glatten Zügen mit einem Elektro- oder Brotmesser schneiden. *Nicht sägen.*

• SCHRITT 1 •

Alle Teile aus Stoff und Schaumstoff zuschneiden.

a. Mit einem Lineal und einem auswaschbaren Textilstift die folgenden Maße direkt auf der rechten Stoffseite anzeichnen. Die Teile auf den angezeichneten Linien zuschneiden.

b. Aus dem Druckstoff:
– 1 Oberseite, 57,5 x 87,5 cm
– 2 Unterseiten, je 34 x 87,5 cm
– 1 Verlängerung für äußere Tasche, 47,5 x 25 cm
– 1 äußere Tasche, 47,5 x 20 cm
– 1 Futter für Verlängerung der äußeren Tasche, 47,5 x 25 cm
– 1 Taschenfutter, 47,5 x 20 cm
– 1 Taschen-Einfassung, 47,5 x 5 cm
– 8 lange Streifen für Seitenpolster, je 10 x 82,5 cm
– 4 kurze Streifen für Seitenpolster, je 10 x 32,5 cm
– 6 Polster-Endstücke, je 10 x 10 cm
– 5-cm breite Streifen, zu einer Gesamtlänge von 240 cm zusammengesetzt, zum Einfassen

c. Aus dem Baumwollflanell:
- 2 Teile (Vorder- und Rückseite), je 31 cm breit x 69 cm

d. Aus der Aufbügel-Einlage:
- 1 Teil, 47,5 x 5 cm
- 2 Teile, je 47,5 x 25 cm
- 2 Teile, je 47,5 x 20 cm

e. Aus dem Volumen-Vlies:
- 1 Teil, 31 x 69 cm

f. Aus dem Schaumstoff (siehe Hinweis), Höhe aller Teile 7,5 cm:
- 1 Teil, 50 x 80 cm
- 2 Teile, je 7,5 x 80 cm
- 1 Teil, 7,5 x 30 cm

g. Aus dem Wattiervlies:
- 1 Teil, 115 x 95 cm
- 2 Teile, je 30 x 95 cm
- 1 Teil, 30 x 45 cm

h. Aus dem Klettband:
- 4 Stücke, je 77,5 cm
- 2 Stücke, je 27,5 cm
- 4 Stücke, je 6 cm
- 6 Stücke, je 2 cm
- 1 Stück, 70 cm

• SCHRITT 2 •

Den Schaumstoff vorbereiten.

a. Das 50 x 80 cm große Stück Schaumstoff auf das 115 x 95 cm große Stück Wattiervlies legen. Eine Längsseite des Schaumstoffs mittig an der Längsseite des Vlies ausrichten. Dann das Vlies komplett um den Schaumstoff wickeln und so abschneiden, dass die Stirnseiten der Schaumstoffplatte nur von einer Vlieslage bedeckt sind. Das Vlies mit Nadeln sichern, dann die Vlieskanten von Hand mit überwendlichen Stichen zusammennähen.

b. Das kurze und die langen Seitenpolster ebenso einwickeln. Beiseitelegen.

• SCHRITT 3 •

Die Tasche nähen. (ZEICHNUNG 1)

a. Das Verlängerungsteil, die Tasche, die zugehörigen Futterteile und den Einfassungsstreifen mit der rechten Stoffseite nach oben auf die entsprechenden Teile der Aufbügel-Einlage legen. Gemäß Herstelleranweisung aufbügeln, dabei das Bügeleisen auf »Wolle« stellen.

b. Eine Längskante des Einfassungsstreifens 1 cm breit zur linken Stoffseite umbügeln.

c. Die andere Längskante des Streifens links auf rechts an die obere Kante der äußeren Tasche stecken. Die umgebügelte Kante des Einfassungsstreifens an die rechte Stoffseite der äußeren Tasche stecken. Die umgebügelte Kante knappkantig absteppen*, die Nahtenden mit Rückstichen verriegeln. Die unversäuberten Kanten mit der Maschine zusammenheften.

d. Die äußere Tasche (mit Einfassung) und das Taschenfutter rechts auf rechts aufeinanderlegen und die Oberkanten ausrichten. Steppfußbreit an der gesteckten Kante zusammennähen und die Naht verriegeln. Die Tasche auf rechts wenden und bügeln. Die fertige Oberkante knappkantig absteppen und mit Rückstichen verriegeln. Die anderen drei Kanten aufeinander ausrichten, abstecken und mit der Maschine zusammenheften.

e. Nun Tasche und Verlängerung so aufeinanderlegen, dass das Taschenfutter zur rechten Stoffseite der Verlängerung zeigt. Unter- und Seitenkanten ausrichten, zusammenstecken und mit der Maschine zusammenheften.

f. Die äußere Taschenverlängerung rechts auf rechts an das Futter der Taschenverlängerung stecken. Seiten- und Unterkanten steppfußbreit zusammennähen, die Nahtenden mit Rückstichen verriegeln. Die Nahtzugaben an den Ecken schräg abschneiden, aber dabei nicht die Naht einschneiden. Die Verlängerung auf rechts wenden, die Ecken mit einem Hilfsmittel herausdrücken und bügeln. Die Oberkanten zusammenstecken und mit der Maschine zusammenheften.

g. Tasche und Verlängerung zur Hälfte falten und die Seitenkanten aufeinander ausrichten. Die Mittelbrüche einbügeln. Wieder ausbreiten und die Tasche am Mittelbruch auf die Verlängerung stecken. Von unten nach oben auf dem Mittelbruch absteppen, Anfang und Ende der Naht mit Rückstichen verriegeln. Beiseitelegen.

Zeichnung 1.

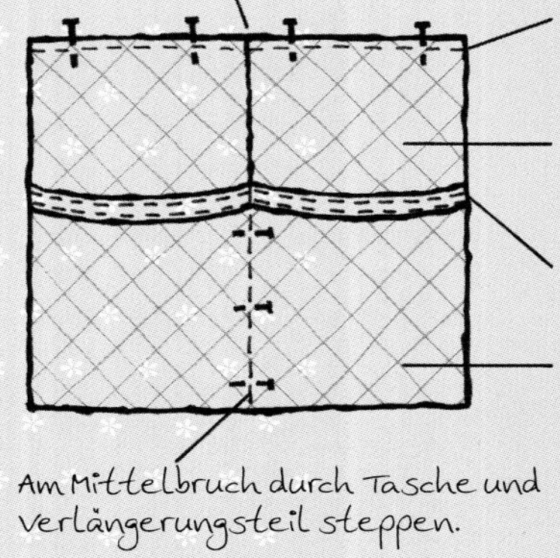

Zeichnung 2.

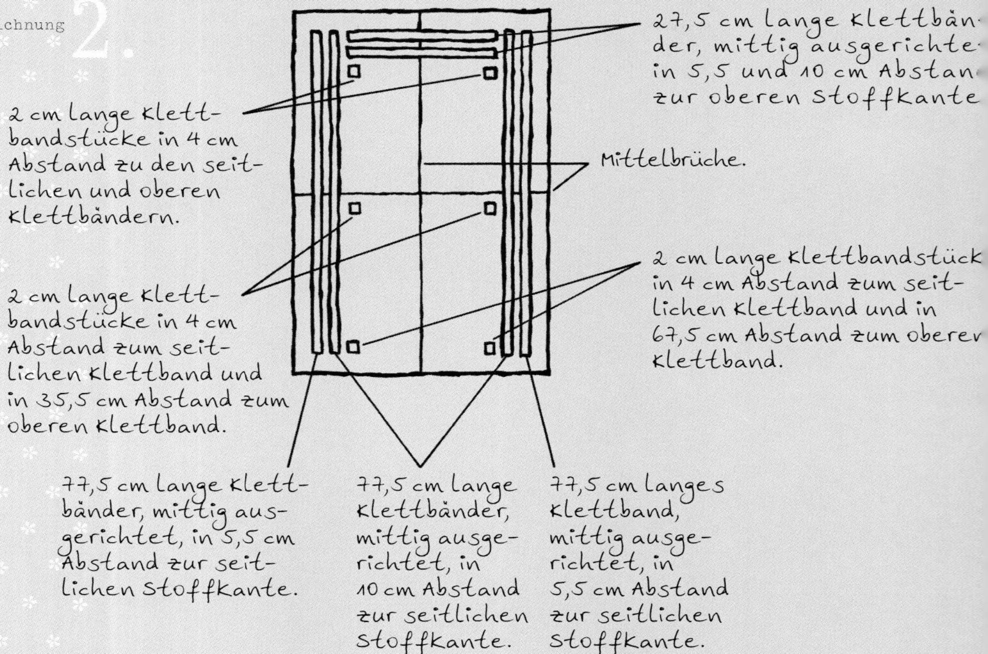

• SCHRITT 4 •

Das Klettband (weiche Seite) an die Liegefläche nähen. (ZEICHNUNG 2)

Hinweis: An die Liegefläche werden nur Klettband-Teile mit weicher Seite genäht. Die Gegenstücke mit harter Seite werden an den Seitenpolstern und der losen Auflage festgesteppt.

a. Den Stoff für die Oberseite längs zur Hälfte falten und den Mittelbruch einbügeln. Dann den Stoff quer zur Hälfte falten und ebenfalls den Mittelbruch einbügeln.

b. Die Oberseite auf eine Arbeitsfläche legen, die Schmalseite zeigt zu Ihnen, die rechte Stoffseite nach oben. Mit Lineal und auswaschbarem Textilstift die Hilfslinien zur Plazierung der Klettbänder anzeichnen. Für lange Klettbandstreifen sollten Sie mehrere Punkte anzeichnen und verbinden.

- In 5,5 cm Abstand zur linken Längsseite.
- In 10 cm Abstand zur linken Längsseite.
- In 5,5 cm Abstand zur rechten Längsseite.
- In 10 cm Abstand zur rechten Längsseite.
- In 5,5 cm Abstand zur oberen Schmalseite.
- In 10 cm Abstand zur oberen Schmalseite jeweils mehrere Punkte anzeichnen und zu einer Linie verbinden.

c. Die Klettbandstreifen quer zur Hälfte falten und die Enden aufeinander ausrichten. An jedem Streifen die Mitte markieren.

d. Den ersten 77,5 cm langen Klettbandstreifen an der äußeren linken Hilfslinie auf der rechten Stoffseite anlegen. Zuerst die Mittelmarkierung des Streifens auf dem Mittelbruch feststecken, dann das Klettband auf ganzer Länge feststecken und ringsherum feststeppen. Anfang und Ende der Naht mit Rückstichen verriegeln.

e. Den zweiten 77,5 cm langen Klettbandstreifen ebenso an der inneren linken Hilfslinie aufsteppen.

f. Die beiden anderen langen Klettbandstreifen an den beiden Hilfslinien an der rechten Stoffkante aufsteppen.

g. Den ersten 27,5 cm langen Klettbandstreifen in der gleichen Weise an der äußeren Hilfslinie an der oberen Schmalseite des Stoffes aufnähen.

h. Den zweiten 27,5 cm langen Streifen an der inneren Hilfslinie an der oberen Schmalseite aufsteppen.

i. Nun die folgenden Maße mit auswaschbarem Textilstift auf der rechten Seite des Stoffs anzeichnen. (Dies sind die Maße für die 2 cm langen Klettbandstücke, die die Auflage festhalten.)

- 4 cm unter dem inneren oberen Klettband und 4 cm links vom inneren rechten Klettband
- 35,5 cm unter dem inneren oberen Klettband und 4 cm links vom inneren rechten Klettband
- 67,5 cm unter dem inneren oberen Klettband und 4 cm links vom inneren rechten Klettband
- Diese Maße gegengleich auch an der linken Seite des Stoffes anzeichnen.

j. Die 2 cm langen Klettbandstücke jeweils nach innen unten gerichtet glatt und gerade an den eben angezeichneten Markierungen feststecken. Die obere, äußere Ecke jedes Klettbandstücks stößt also an die Markierung. Die Klettbandstücke ringsherum aufsteppen. Alle Nahtenden mit Rückstichen verriegeln.

• SCHRITT 5 •

Die Unterseite nähen.

a. Eine Längskante des ersten Unterteils knapp 1 cm nach links umbügeln. Nochmals 1 cm nach links umbügeln, dann die Bruchkante feststecken. Zuerst knappkantig entlang der Saumkante absteppen, dann nochmals entlang der äußeren Kante. Anfang und Ende der Naht mit Rückstichen verriegeln.

b. Das zweite Unterteil ebenso nähen.

c. Beide Unterteile zur Hälfte falten, die Schmalseiten aufeinander ausrichten und die Mittelbrüche einbügeln.

d. Den 70 cm langen Klettbandstreifen (harte Seite) zur Hälfte falten, die Enden aufeinanderlegen und die Mitte markieren.

e. Den 70 cm langen Klettbandstreifen (harte Seite) auf der rechten Seite des ersten, gesäumten Unterteils mittig ausrichten und an der äußeren Bruchkante ausrichten. Das Klettband feststecken und ringsherum aufsteppen. Anfang und Ende der Naht mit Rückstichen verriegeln.

f. Den zugehörigen weichen, 70 cm langen Klettbandstreifen auf der linken Seite des zweiten gesäumten Unterteils mittig ausrichten und an der äußeren Bruchkante anlegen. Feststecken und ringsherum aufsteppen. Anfang und Ende der Naht mit Rückstichen verriegeln.

g. Die beiden Unterteile überlappend so nebeneinanderlegen, dass die Klettbandstreifen aufeinander haften. Ober- und Unterkante ausrichten und zusammenstecken. Nochmals über die vorhandenen Stepplinien an den Enden nähen – von den Klettband-Enden bis zur Außenkante des Unterteils.

• SCHRITT 6 •

Den Bezug fertigstellen.

a. Die Tasche mit Verlängerungsteil und die Oberseite des Bezugs rechts auf rechts aufeinanderlegen. Dabei treffen die Mittelbrüche von Taschenverlängerung und Oberseite zusammen, und die Tasche zeigt zur Bezugsoberseite. Die Kanten zusammenstecken und mit der Maschine zusammenheften.

b. Oberseite und zusammengesetzte Unterseite rechts auf rechts aufeinanderlegen. Die Außenkanten zusammenstecken und ringsherum steppfußbreit zusammennähen. Anfang und Ende der Naht mit Rückstichen verriegeln. Das Klettband öffnen, aber den Bezug noch auf links lassen. Die Nahtzugaben auseinanderbügeln. Dabei ist es hilfreich, ein Bügelkissen oder ein aufgerolltes Handtuch in den Bezug zu schieben.

c. Die Ecken des Bezugs abnähen. Dazu die seitliche und untere Naht aufeinander ausrichten und feststecken, so dass sich eine dreieckige Spitze ergibt. In 4 cm Abstand zur Spitze eine Querlinie über die Ecke ziehen und auf dieser entlangsteppen. Beide Nahtenden mit Rückstichen verriegeln. (ZEICHNUNG 3)

d. Die anderen drei Ecken ebenso abnähen.

e. Jetzt den Bezug durch die Öffnung auf der Rückseite auf rechts wenden.

f. Die harte Klettband-Seite an der Öffnung mit Malerkrepp überkleben, dann den umhüllten Schaumstoff einschieben. (Das Malerkrepp verhindert, dass das Wattiervlies am Klettband hängenbleibt.) Die Ecken des Schaumstoffs sorgfältig in die Ecken des Bezugs schieben. Eventuell die Nahtzugaben von Hand zurechtrücken. Das Malerkrepp abziehen und den Klettverschluss in der Unterseite schließen.

• SCHRITT 7 •

Das Klettband (harte Seite) an den Seitenpolstern anbringen. (ZEICHNUNG 4)

a. Zwei lange und ein kurzes Stoffteil für die Seitenpolster jeweils zur Hälfte falten, die Schmalseiten aufeinander ausrichten und die Mittelbrüche einbügeln.

b. Die vier 77,5 cm langen die beiden 27,5 cm langen Klettbandstreifen (harte Seite) ebenfalls zur Hälfte falten, die Enden ausrichten und an jedem Stück die Mitte markieren. Mit Lineal und auswaschbarem Textilstift die Klettband-Positionen direkt auf der rechten Stoffseite der Posterteile anzeichnen.

c. Auf einem 82,5 cm langen Stoffteil in 2 cm Abstand zur jeder Außenkante Markierungen anzeichnen und mit einer Linie verbinden. Entsprechende Linien auch auf dem zweiten langen Stoffteil anzeichnen.

d. Das erste 77,5 cm lange Klettband mittig ausrichten und seine Außenkante an der rechten Linie anlegen. Feststecken und ringsherum aufsteppen. Anfang und Ende der Naht mit Rückstichen verriegeln.

e. Das zweite 77,5 cm lange Klettband ebenso an der zweiten Markierungslinie auf dem langen Polsterteil aufsteppen.

f. Die beiden anderen 77,5 cm langen Klettbänder ebenso auf dem zweiten langen Polsterteil aufsteppen. (Schritt 7d)

g. Die beiden 27,5 cm langen Klettbänder in der gleichen Weise auf das kurze Polsterteil steppen. (Schritt 7d)

Zeichnung 3.

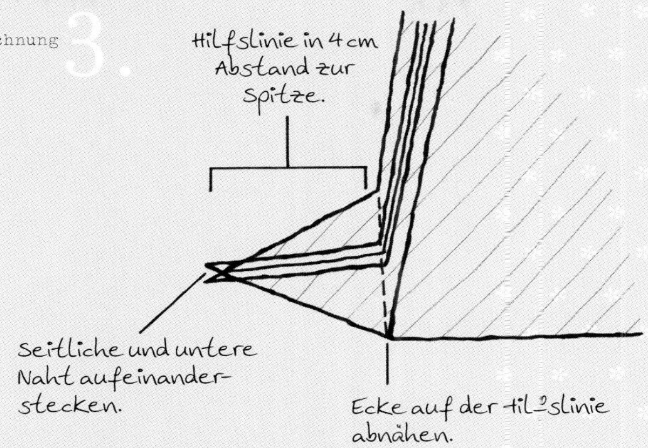

Zeichnung 4.

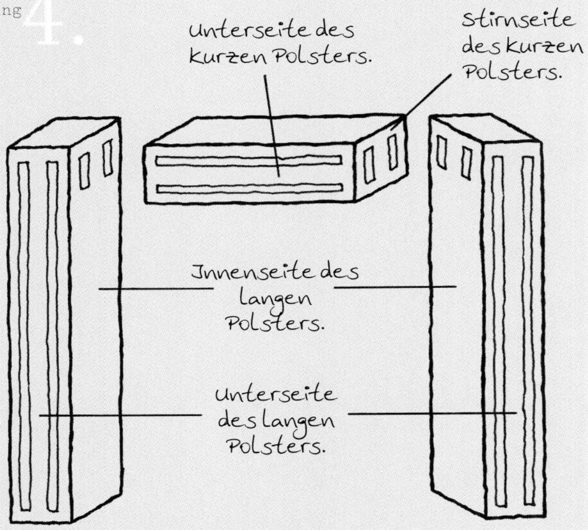

h. Auf dem dritten langen Polsterteil in jeweils 2 cm Abstand zu einer Längs- und einer Schmalseite eine Markierung anzeichnen. Eine zweite Markierung im Abstand von 2 cm zur gleichen Längsseite und in 8 cm Abstand zur gleichen Schmalseite anzeichnen. Beide mit einer Linie verbinden. Eine gegengleiche Markierung auch an der gegenüberliegenden Längsseite des gleichen Endes anzeichnen. Am vierten langen Polsterteil spiegelbildliche Markierungen anbringen.

i. Die Außenkante eines 6 cm langen Klettbandstücks (harte Seite) an einer der Linien feststecken und ringsherum feststeppen. Anfang und Ende der Naht mit Rückstichen verriegeln. Ein zweites Klettbandstück (harte Seite) an der anderen Linie aufsteppen.

j. Zwei weitere 6 cm lange Klettbandstücke (harte Seite) an den Markierungen des vierten langen Polsterteils aufsteppen.

k. An einer schmalen Stirnseite des kurzen Seitenpolsters auf der rechten Stoffseite in 2 cm Abstand zur jeder Kante Hilfslinien ziehen.

l. Die Außenkante eines 6 cm langen Stücks Klettband (weiche Seite) an der ersten Linie feststeppen, ein zweites Stück an der anderen Linie aufnähen. Die Nahtenden jeweils mit Rückstichen verriegeln. An der anderen Stirnseite des Polsters ebenfalls zwei weiche Klettbänder von 6 cm Länge aufsteppen.

• SCHRITT 8 •

Die langen Polsterbezüge nähen.

a. Ein langes Stoffteil (mit den 77,5 cm langen Klettbändern) mit der rechten Stoffseite nach oben auf eine Arbeitsfläche legen. Mit einem auswaschbaren Textilstift auf der Nahtzugabe markieren, wo rechts, links, oben und unten ist (R, L, O, U).

b. Das Teil mit den 6 cm langen Klettbändern rechts auf rechts legen und die rechten Kanten (R) aufeinander ausrichten. Die Längskante zusammenstecken und steppfußbreit zusammennähen. Am Anfang und Ende bleibt jeweils 1 cm offen. Die Nahtenden verriegeln.

c. Ein Stoffteil ohne Klettband rechts auf rechts auf das Teil mit den 77,5 cm langen Klettbändern legen. Die linken Längskanten (L) ausrichten, stecken und steppfußbreit zusammennähen. Wieder am Anfang und Ende 1 cm ungesteppt lassen. Die Nahtenden mit Rückstichen verriegeln.

d. Ein zweites Stoffteil ohne Klettband in gleicher Weise an die andere Längsseite des vorigen Teils (ohne Klettband) steppen, dabei in der Mitte ein 25 cm langes Stück Naht offen lassen.

e. Die beiden noch freien Längsseiten durchgehend zusammennähen, so dass eine quadratische »Röhre« entsteht. Keine Öffnung in dieser Naht lassen.

f. Das Endstück ohne Klettband rechts auf rechts an eine Stoffkante an einem Ende der Röhre anstecken und steppfußbreit annähen. Die Naht endet in 1 cm Abstand zu den Ecken. Beide Nahtenden mit Rückstichen verriegeln. Die Röhre drehen und ebenso an die zweite Seite des Endstücks nähen. Mit den beiden weiteren Seiten des Endstücks ebenso verfahren. Das Endstück mit Klettband in der gleichen Weise ins andere Ende der Röhre einsetzen.

g. Für den zweiten langen Bezug ein Stoffteil mit 6-cm-Klettbändern und eins mit 77,5 cm langen Klettbändern rechts auf rechts an der linken Längsseite (L) zusammenstecken und steppfußbreit zusammennähen. An Anfang und Ende der Naht 1 cm offen lassen. Die Nahtenden mit Rückstichen verriegeln.

h. Ein langes Stoffteil ohne Klettband rechts auf rechts an der rechten Längsseite (R) des Teils mit 77,5 cm langen Klettbändern feststecken und steppfußbreit ansteppen. Wieder am Anfang und Ende 1 cm offen lassen. Die Nahtenden verriegeln.

i. Zur Fertigstellung des zweiten langen Bezugs Schritt 8d bis 8f wiederholen.

j. Die Bezüge auf rechts wenden und die Ecken mit einer Wendehilfe herausdrücken.

k. Die umwickelten Schaumstoffteile durch die Nahtöffnungen in die Bezüge schieben – erst ein Ende, dann das andere. Den Schaumstoff in die Bezugsecken drücken. Die Nahtzugaben an den Öffnungen 1 cm breit einschlagen, zustecken und von Hand mit überwendlichen Stichen zunähen.

• SCHRITT 9 •

Den kurzen Polsterbezug nähen.

a. Je ein kurzes Stoffteil mit und ohne Klettband rechts auf rechts aufeinanderlegen, die Stoffkanten ausrichten, stecken und steppfußbreit zusammennähen. Am Anfang und Ende der Naht 1 cm offen lassen. Beide Nahtenden mit Rückstichen verriegeln.

b. Ein weiteres kurzes Stoffteil rechts auf rechts an die andere Längsseite des Teils mit Klettband stecken und ebenfalls steppfußbreit ansteppen. Am Anfang und Ende der Naht 1 cm offen lassen. Die Nahtenden mit Rückstichen verriegeln.

c. Das letzte kurze Stoffteil rechts auf rechts an eine noch freie Längskante stecken. Steppfußbreit ansteppen, dabei ein 15 cm langes Stück Naht offen lassen. Beide Nahtenden mit Rückstichen verriegeln.

d. Die letzten noch freien Kanten rechts auf rechts zusammenstecken und durchgehend (ohne Öffnung) wie zuvor zusammennähen.

e. Die beiden Endstücke mit den kurzen Klettbändern wie in Schritt 8f einsetzen.

f. Den Bezug wenden und den umhüllten Schaumstoff einschieben (siehe Schritt 8j und 8k).

g. Die Nahtzugaben an der Öffnung 1 cm breit einschlagen, zustecken und von Hand mit überwendlichen Stichen zunähen.

• SCHRITT 10 •

Die lose Auflage nähen.

a. Den Flanell mit der rechten Stoffseite nach oben auf die beschichtete Seite des Vlies legen. Gemäß Herstelleranweisung aufbügeln, dabei das Bügeleisen auf »Wolle« stellen.

b. Auf der rechten Stoffseite des Unterteils in 2,5 cm Abstand zu den Ecken Markierungen anbringen. Weitere Markierungen in der Mitte jeder Längsseite (in 2,5 cm Abstand zur Seitenkante und 35 cm Abstand zu den Schmalseiten) anzeichnen. An jeder Ecke ein 2 cm langes Stück Klettband so anlegen, dass seine äußere Ecke an die Markierung stößt. Die Klettbänder feststecken und ringsherum aufsteppen. Die Nahtenden jeweils mit Rückstichen verriegeln.

c. In der Mitte jeder Längsseite die 2 cm langen Klettbänder jeweils mittig auf der Markierung und in 2,5 cm Abstand zur Außenkante feststecken und feststeppen. Die Nahtenden verriegeln.

d. Ober- und Unterseite der Auflage links auf links an allen Kanten zusammenstecken und knappkantig mit der Maschine zusammenheften.

e. Die Auflage mit dem gerade zugeschnittenen, zusammengesetzten Stoffstreifen einfassen (genaue Erklärung im Anhang ab Seite 169).

• SCHRITT 11 •

Seitenpolster und Auflage befestigen.

a. Die Klettbänder auf den langen und kurzen Seitenpolstern auf die Gegenstücke auf der Liegefläche legen und fest andrücken.

b. Die Klettband-Stücke auf der Unterseite der losen Auflage auf die Gegenstücke auf der Liegefläche legen und andrücken.

Kapitel: 6

Zeit zum Spielen

* BILDERBUCH MIT HÜLLE * BAUKLÖTZE MIT TRANSPORTBEUTEL * SCHMUSEKATZE

Spiel und Lernen – für kleine Kinder gibt es da kaum einen Unterschied. Großartiges Spielzeug für die ersten Lebensmonate sind weiche Tiere wie die lustige Schmusekatze oder die griffigen Bauklötze, die im Beutel auch mit auf Reisen gehen. Bilderbücher mit fantasievollen Motiven – hier einmal in plakativem Schwarzweiß – können Babys sowieso nie genug haben.

BILDERBUCH MIT HÜLLE

Anleitung: S. 144

SCHWIERIGKEITSGRAD 3

BAUKLÖTZE MIT TRANSPORTBEUTEL

Anleitung: S. 148

SCHMUSEKATZE ⇛

Anleitung: S. 153

p.

BILDERBUCH MIT HÜLLE

Buch – Fertige Größe: 10 x 10 cm, zugeklappt 4 cm dick, auseinandergeklappt 60 cm lang.
Hülle – Fertige Größe: 12,5 x 12,5 cm, 4 cm dick
Schwierigkeitsgrad: 2

Schwarzweiße, von fernöstlichen Scherenschnitten inspirierte Motive von Tieren und Blumen regen die Fantasie der kleinen »Leser« an, und das Öffnen und Zufalten des Leporello-Buchs fördert die Motorik. Zum Aufbewahren wird das Buch einfach in die passende Hülle gesteckt. Und selbstverständlich sind alle Teile waschbar.

STOFFE

* 6 Quadrate, je 15 x 15 cm, aus verschiedenen, mittelfesten Druckstoffen
* 35 cm (110 oder 135 cm breit) mittelfester Stoff für die Außenseite der Hülle
* 35 cm (110 oder 135 cm breit) mittelfester Stoff für das Futter der Hülle

ZUBEHÖR

* 70 cm (50 cm breit) mittelfeste, gewebte Einlage zum Aufbügeln (wir verwenden Pellon-Stacy-Shape-Flex 101 von Freudenberg)
* 25 cm (110 cm breit) Volumen-Vlies zum Aufbügeln (wir verwenden Thermolam Plus)
* 1 Paket vorgeschnittener Stoff zum Selbst-Bedrucken
* Computer, Scanner und Tintenstrahl-Drucker
* 1 Rolle passendes Allzweck-Nähgarn
* Flüssiger Weichspüler
* Sprühstärke
* 10,5 cm (2 cm breit) Klettband zum Aufnähen

HINWEIS

* Beginnen Sie rechtzeitig, denn die Bilder (Schritt 2) müssen über Nacht trocknen.

• SCHRITT 1 •

Alle Teile aus dem Stoff zuschneiden.

a. Für das Bilderbuch:

Aus 6 verschiedenen Druckstoffen:
– 6 Quadrate, je 12 x 12 cm (für die Buchseiten)

Aus der Aufbügel-Einlage:
– 1 Teil, 12 x 62,5 cm

Aus dem Aufbügel-Vlies:
– 1 Teil, 12 x 62,5 cm

b. Für die Hülle:

Aus dem Außenstoff:
– 1 Teil, 17,5 x 30 cm
– 1 Klappe, 9 x 14,5 cm

Aus dem Futterstoff:
– 1 Teil, 17,5 x 30 cm
– 1 Klappe, 9 x 14,5 cm

Aus der Aufbügel-Einlage:
– 1 Teil, 17,5 x 30 cm
– 1 Klappe, 9 x 14,5 cm

Aus dem Aufbügel-Vlies:
– 1 Teil, 17,5 x 30 cm
– 1 Klappe, 9 x 14,5 cm

• SCHRITT 2 •

Die Bilder drucken.

a. Zuerst die Herstelleranweisungen für den bedruckbaren Stoff gründlich durchlesen.

b. Die Motive vom Schnittmusterbogen vorn im Buch scannen und mit einem Tintenstrahldrucker das erste Motiv auf ein Ende des ersten Stoffstücks drucken. Die Tinte fünf Minuten trocknen lassen, dann den Stoff umdrehen und ein weiteres Motiv auf das andere Ende desselben Stoffs drucken.

c. Insgesamt müssen sieben Bilder gedruckt werden: sechs schwarzweiße für das Innere und ein farbiges für die Hülle. Das farbige Motiv finden Sie auf S. 146 oben.

d. Nun – je nach Herstelleranweisung – die Bilder mit Weichspüler ausspülen. Diesen Schritt keinesfalls überspringen. Die Bilder über Nacht trocknen lassen.

e. Die Bilder mit Stärke einsprühen und bügeln. (Dadurch wird die Druckfarbe noch besser fixiert.)

f. Aus dem schwarzweiß bedruckten Stoff Quadrate von je 12 cm Kantenlänge schneiden. Dabei sollen die Motive jeweils mittig in den Quadraten liegen.

g. Aus dem bedruckten Stoff ein Quadrat von 10 cm Breite und 7,5 cm Höhe schneiden. Auch hier liegt das Motiv mittig.

• SCHRITT 3 •

Die Buchseiten nähen.

a. Das erste und zweite Bild rechts auf rechts aufeinanderlegen, an einer Seitenkante zusammenstecken und steppen. Beide Nahtenden mit Rückstichen verriegeln. Die Nahtzugaben auseinanderbügeln.

b. Das dritte Bild rechts auf rechts auf das (eben angenähte) zweite legen. Wieder die Seitenkanten zusammenstecken und steppfußbreit steppen. Anfang und Ende der Naht mit Rückstichen verriegeln. Die Nahtzugaben auseinanderbügeln.

c. Alle weiteren Bilder ebenso annähen und jeweils die Nahtzugaben auseinanderbügeln.

d. Das erste und zweite Quadrat aus Druckstoff rechts auf rechts aufeinanderlegen, an einer Seitenkante zusammenstecken und steppen. Anfang und Ende der Naht mit Rückstichen verriegeln. Die Nahtzugaben auseinanderbügeln.

e. Das dritte Quadrat aus Druckstoff rechts auf rechts auf das (eben angenähte) zweite legen. Wieder die Seitenkanten zusammenstecken und steppfußbreit steppen. Anfang und Ende der Naht mit Rückstichen verriegeln. Die Nahtzugaben auseinanderbügeln.

f. Alle weiteren Quadrate ebenso annähen. Alle Nahtzugaben auseinanderbügeln.

• SCHRITT 4 •

Einlage und Vlies aufbügeln.

a. Den zusammengesetzten Streifen aus Druckstoffen mit der rechten Stoffseite nach oben auf die beschichtete Seite der Einlage legen. Gemäß Herstelleranweisung aufbügeln, dabei das Bügeleisen auf »Wolle« stellen.

b. Den mit Einlage versteiften Streifen aus Druckstoffen mit der rechten Stoffseite nach oben auf die beschichtete Seite des Vlies legen. Gemäß Herstelleranweisung aufbügeln, dabei das Bügeleisen auf »Wolle« stellen.

• SCHRITT 5 •

Bilder und Druckstoff zusammennähen.

a. Den Streifen aus Druckstoffen (mit Einlage und Vlies) rechts auf rechts auf den Streifen aus Bildern legen. Die unversäuberten Kanten und die Nähte aufeinander ausrichten und zusammenstecken.

b. Steppfußbreit ringsherum steppen, dabei in der Mitte der Unterkante eine 10 cm lange Öffnung lassen. Beide Nahtenden mit Rückstichen verriegeln.

c. Die Nahtzugaben an den Ecken schräg abschneiden, aber nicht in die Naht schneiden.

d. Den Streifen auf rechts wenden und die Ecken mit einer Wendehilfe spitz herausdrücken. Die Kanten bügeln.

e. Die Stoffkanten an der Nahtöffnung 1 cm breit nach innen einschlagen und zustecken. Der Streifen ringsherum knappkantig absteppen.

• SCHRITT 6 •

Das Buch fertigstellen. (ZEICHNUNG 1)

a. Die Nähte von Bilder- und Druckstoff-Streifen aufeinander feststecken.

b. Jeweils im Nahtschatten absteppen, dabei die Nahtenden mit Rückstichen verriegeln.

c. Den Streifen mit Stärke einsprühen, im Zickzack zusammenfalten und über Nacht mit einem dicken Buch beschweren, um die Faltung zu fixieren.

Hinweis: Dieses Bild vor dem Drucken um 25 Prozent vergrößern. Die sechs Schwarzweiß-Motive sind auf dem Schnittmusterbogen in Originalgröße abgebildet.

Zeichnung 1.

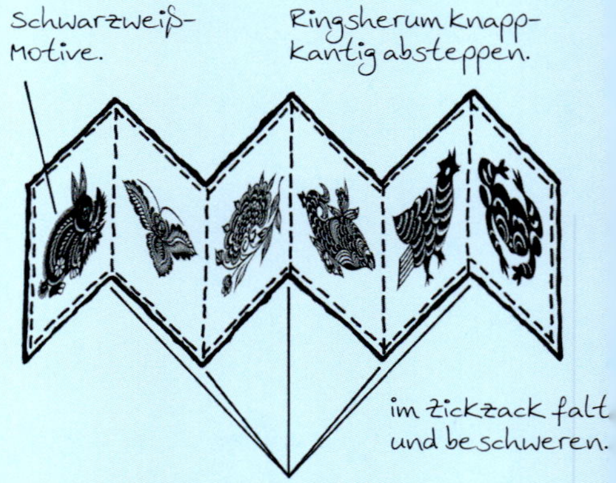

Zeichnung 2.

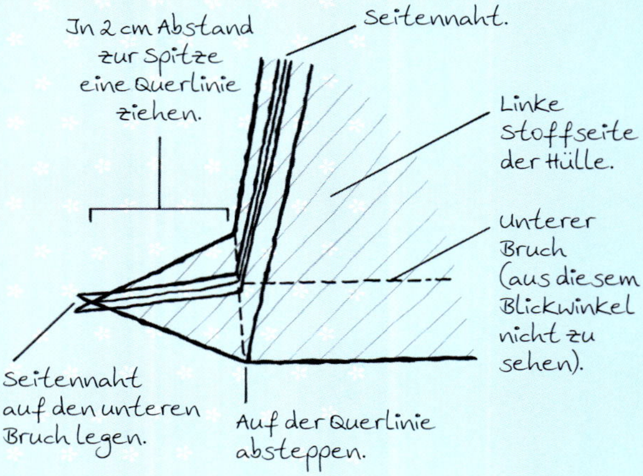

Zeichnung 3.

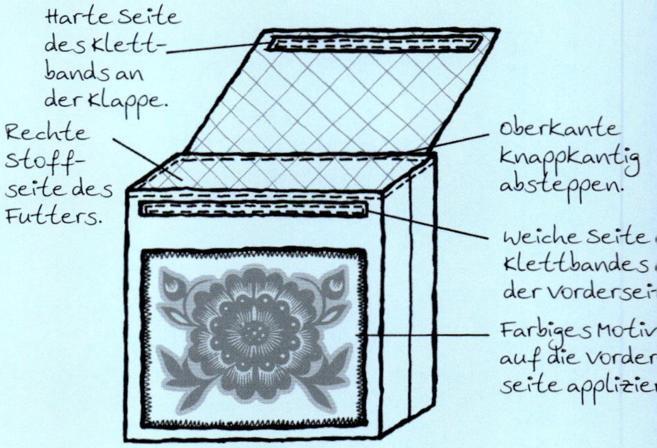

Hülle

• SCHRITT 1 •

Einlage und Vlies aufbügeln.

a. Das äußere Hauptteil mit der rechten Stoffseite nach oben auf die beschichtete Seite der Einlage legen, aufbügeln, dabei das Bügeleisen auf »Wolle« stellen. Ebenso mit dem Vlies verfahren.

b. Wie in Schritt 1a Einlage und Vlies auf die Klappe bügeln.

• SCHRITT 2 •

Das vordere Motiv anbringen.

a. Das farbige Motiv in 4,5 cm Abstand zu einer Schmalseite und in 4 cm Abstand zu den beiden Längsseiten des äußeren Hauptteils feststecken. Ringsherum mit engen Zickzackstichen applizieren. Beide Nahtenden verriegeln.

b. Das äußere Hauptteil rechts auf rechts zur Hälfte falten und die Schmalseiten aufeinander ausrichten. Die Seitenkanten zusammenstecken, steppfußbreit zusammennähen und verriegeln. Die Nahtzugaben auseinanderbügeln. Den unteren Bruch einbügeln.

• SCHRITT 3 •

Die unteren Ecken abnähen. (ZEICHNUNG 2)

a. Eine Seitennaht auf den unteren Bruch legen, so dass eine Spitze entsteht.

b. In 2 cm Abstand zur Spitze eine Querlinie über die Naht ziehen. Die Stofflagen zusammenstecken und entlang der Linie steppen. Anfang und Ende der Naht verriegeln.

c. Die andere untere Ecke ebenso abnähen.

d. Den Außenstoff auf rechts wenden.

• SCHRITT 4 •

Das Futter nähen.

a. Das Futter-Hauptteil rechts auf rechts zur Hälfte falten und die Schmalseiten aufeinander ausrichten. Die Seitenkanten zusammenstecken und steppfußbreit zusammennähen. Anfang und Ende der Naht mit Rückstichen verriegeln.

b. Die Nahtzugaben auseinanderbügeln. Den unteren Bruch einbügeln.

c. Die unteren Ecken abnähen (siehe Schritt 3), dann das Futter auf rechts wenden.

• SCHRITT 5 •

Die Klappe nähen.

a. Beide Klappenteile rechts auf rechts aufeinanderlegen. Die Schnittkanten ausrichten und zusammenstecken.

b. Drei Seiten steppfußbreit zusammennähen, eine Längsseite bleibt offen. Die Nahtenden mit Rückstichen verriegeln.

c. Die Nahtzugabe an den Ecken schräg abschneiden, dabei die Naht nicht beschädigen.

d. Die Klappe auf rechts wenden und die Ecken mit einer Wendehilfe herausdrücken. Bügeln.

e. Das 10,5 cm lange Klettband (harte Seite) dicht neben der fertigen Kante des Klappenfutters aufstecken und feststeppen. Anfang und Ende der Naht mit Rückstichen verriegeln.

• SCHRITT 6 •

Die Klappe ansetzen und die Hülle fertigstellen.

(ZEICHNUNG 3)

a. Die Klappe mittig rechts auf rechts an die äußere Rückseite legen, die unversäuberten Kanten ausrichten und feststecken. Knappkantig zusammenheften.

b. Das Futter (linke Seite außen) über den Außenstoff (rechte Seite außen) ziehen. Die Klappe liegt zwischen den Stofflagen. Ober- und Seitenkanten ausrichten und feststecken. Die Oberkanten steppfußbreit zusammennähen, dabei in der vorderen Mitte 10 cm der Naht offen lassen. Beide Nahtenden mit Rückstichen verriegeln.

c. Die Hülle auf rechts wenden, das Futter hineinschieben und die Klappe herausziehen. Die unversäuberten Kanten an der Öffnung 1 cm breit nach links einschlagen und feststecken. Die Oberkante knappkantig absteppen und verriegeln.

d. Das 10,5 cm breite Klettband (weiche Seite) knapp unter der Oberkante mittig an die Vorderseite der Hülle stecken und feststeppen. Die Nahtenden mit Rückstichen verriegeln.

q.

Bauklötze MIT TRANSPORTBEUTEL

Bauklötze – Fertige Größe: Würfel mit 9 cm Kantenlänge
Beutel – Fertige Größe: 45 x 57,5 cm (ohne Band)
Schwierigkeitsgrad: 3

Bauklötze mit einem Patchwork aus bunten Stoffen sorgen für jede Menge Spielvergnügen. Der Transportbeutel wird mit dem Monogramm seines kleinen Besitzers ganz individuell – Vorlagen für Buchstaben finden Sie auf dem Schnittmusterbogen. Nähen Sie lieber gleich ein paar Bauklötze mehr!

STOFFE

Für die Bauklötze

* 35 cm (110 oder 135 cm breit) mittelfester Druckstoff A
* 35 cm (110 oder 135 cm breit) mittelfester Druckstoff B
* 35 cm (110 oder 135 cm breit) mittelfester Druckstoff C
* 35 cm (110 oder 135 cm breit) mittelfester Unistoff A
* 25 cm (110 oder 135 cm breit) passender, mittelfester Unistoff B

HINWEIS

* Die hier angegebenen Stoffmengen reichen für 9 Klötze.

Für den Transportbeutel

* 1 m (110 oder 135 cm breit) mittelfester Druckstoff für Vorderseite, Rückseite und Henkel
* 125 cm (110 oder 135 cm breit) mittelfester, passender Druckstoff für Futter und Band
* 35 cm (110 oder 135 cm breit) mittelfester Stoff (uni oder bedruckt) für den applizierten Buchstaben

ZUBEHÖR

Für die Bauklötze

* 25 cm (60 cm breit) Schaumstoff, 10 cm dick
* Elektromesser oder Brotmesser mit gezahnter Klinge
* 1 große Rolle passendes Allzweckgarn

Für den Transportbeutel

* 140 cm (50 cm breit) mittelfeste, gewebte Aufbügel-Einlage (wir verwenden Pellon-Stacy-Shape-Flex 101 von Freudenberg)
* 15 cm (110 cm breit) Volumen-Vlies zum Aufbügeln für das Band (wir verwenden Thermolam Plus)
* 35 cm Haftvlies (z. B. Vliesofix von Freudenberg) zum Aufbügeln des Buchstabens
* Buchstabe nach Wahl aus dem Alphabet auf dem Schnittmusterbogen vorn im Buch (fotokopieren und auf 725 Prozent vergrößern).
* Große Sicherheitsnadel

Bauklötze

• SCHRITT 1 •

Alle Teile für neun Bauklötze zuschneiden.

a. Aus Druckstoff A:
- 18 Quadrate, je 7 x 7 cm
- 18 Streifen, je 5,5 x 11 cm

b. Aus Druckstoff B:
- 18 Quadrate, je 7 x 7 cm
- 18 Streifen, je 5,5 x 11 cm

c. Aus Druckstoff C:
- 9 Quadrate, je 11 x 11 cm
- 18 Streifen, je 5,5 x 11 cm

d. Aus Unistoff A:
- 9 Quadrate, je 11 x 11 cm
- 18 Quadrate, je 7 x 7 cm

e. Aus Unistoff B:
- 18 Quadrate, je 7 x 7 cm

f. Aus Schaumstoff:
- 9 Würfel, je 10 x 10 x 10 cm

Hinweis: Der Schaumstoff wird etwas größer zugeschnitten, damit er die Bezüge fest spannt. Die Abmessungen mit Filzstift anzeichnen. Den Schaumstoff mit langen Zügen mit einem Elektromesser oder Brotmesser mit gezahnter Klinge schneiden, *nicht sägen*.

• SCHRITT 2 •

Die zusammengesetzten Würfelseiten nähen.

Hinweis: Jeder Würfel hat drei verschiedene, zusammengesetzte Seiten, von denen sich eine wiederholt, sowie zwei ungeteilte Seiten.

SEITE #1: (ZEICHNUNG 1)

a. Je ein 7 cm großes Quadrat aus Druckstoff A und Unistoff A rechts auf rechts an einer Seite zusammenstecken. Steppfußbreit zusammennähen. Anfang und Ende der Naht mit Rückstichen verriegeln. Die Nahtzugaben zu einer Seite bügeln.

b. Je eine Seite eines 7 cm großen Quadrats aus Unistoff A und Druckstoff B rechts auf rechts zusammenstecken, steppfußbreit zusammennähen und verriegeln. Die Nahtzugaben zu einer Seite bügeln.

c. Die zusammengesetzten Stücke Druckstoff A / Unistoff A und Unistoff A / Druckstoff B rechts auf rechts aufeinanderstecken und die Nähte ausrichten. Steppfußbreit entlang der gesteckten Kante zusammennähen. Anfang und Ende der Naht mit Rückstichen verriegeln. Die Nahtzugaben zu einer Seite bügeln.

SEITE #2: (ZEICHNUNG 1)

a. Je einen 5,5 cm breiten und 11 cm langen Streifen aus Druckstoff A und Druckstoff B rechts auf rechts zusammenstecken. An einer Längsseite steppfußbreit zusammennähen und verriegeln. Die Nahtzugaben zu einer Seite bügeln.

b. Einen Streifen aus Druckstoff C an die freie Längsseite von Druckstoff B stecken. Die Längskanten steppfußbreit zusammennähen, die Nahtenden mit Rückstichen verriegeln. Die Nahtzugaben zu einer Seite bügeln.

c. Noch eine Seite der gleichen Art nähen, die später als Seite #4 benutzt wird.

SEITE #3: (ZEICHNUNG 1)

a. Je ein 7 cm großes Quadrat aus Druckstoff A und Unistoff B rechts auf rechts an einer Seite zusammenstecken. Steppfußbreit zusammennähen.

b. Je eine Seite eines 7 cm großen Quadrats aus Unistoff B und Druckstoff B rechts auf rechts zusammenstecken und steppfußbreit zusammennähen.

c. Die zusammengesetzten Stücke Druckstoff A / Unistoff B und Unistoff B / Druckstoff B rechts auf rechts aufeinanderstecken und die Nähte ausrichten. Steppfußbreit entlang der gesteckten Kante zusammennähen. Alle Nähte mit Rückstichen verriegeln und die Nahtzugaben zu einer Seite bügeln.

Seite #4 ist identisch mit Seite #2 (von der zwei Exemplare genäht wurden).

Seite #5 ist ein 11 x 11 cm großes Quadrat aus Unistoff A.

Seite #6 ist ein 11 x 11 cm großes Quadrat aus Druckstoff C.

• SCHRITT 3 •

Die Bauklötze nähen. (ZEICHNUNG 2)

Hinweis: Alle Nähte, mit denen die Teile zusammengesetzt werden, beginnen und enden in knapp 1 cm zu den Stoffkanten. So lassen sie sich beim Einsetzen der Ober- und Unterteile besser drehen.

a. Seite #1 und Seite #2 rechts auf rechts an einer Kante zusammenstecken und steppfußbreit zusammennähen. Anfang und Ende der Naht mit Rückstichen verriegeln. Die Nahtzugaben zu einer Seite bügeln.

b. Eine Kante von Seite #3 an die noch freie Kante von Seite #2 stecken und steppfußbreit annähen. Verriegeln und die Nahtzugaben zu einer Seite bügeln.

c. Eine Kante von Seite #4 an die noch freie Kante von Seite #3 stecken und steppfußbreit annähen. Verriegeln und die Nahtzugaben zu einer Seite bügeln.

d. Die noch freien Kanten von Seite #1 und Seite #4 rechts auf rechts zusammenstecken und steppfußbreit zusammennähen, so dass eine eckige Röhre entsteht. Verriegeln und die Nahtzugaben zu einer Seite bügeln.

e. Eine Kante von Seite #5 an die Oberkante von Seite #1 stecken. Steppfußbreit annähen, die Nahtenden mit Rückstichen verriegeln.

Zeichnung 1

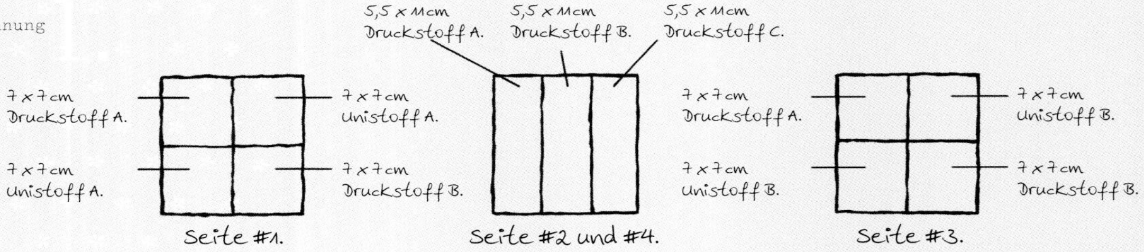

Zeichnung 2

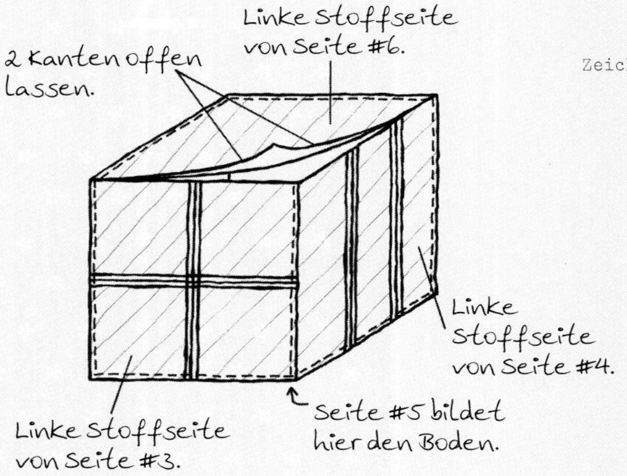

Zeichnung 3

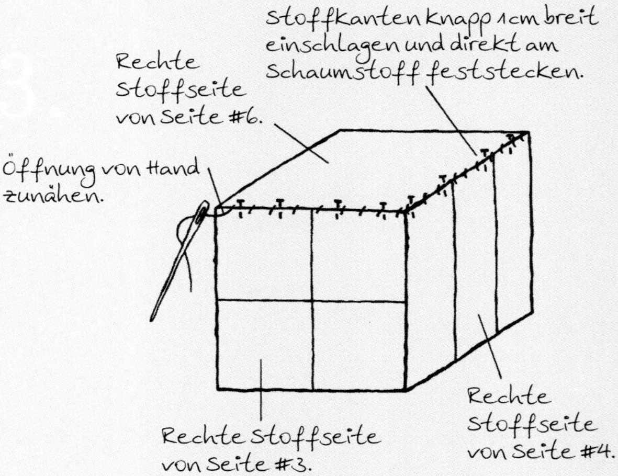

Zeichnung 4

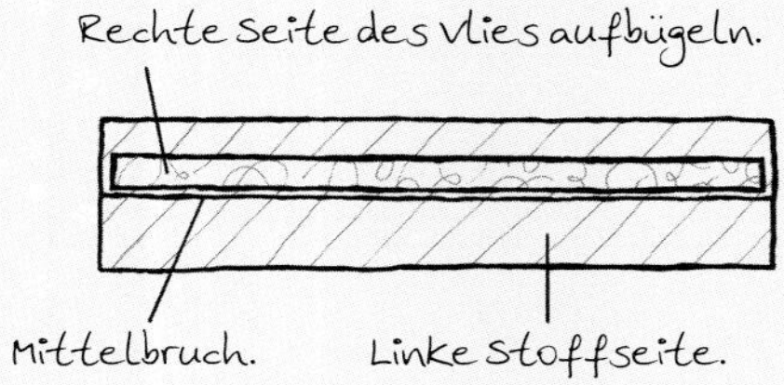

f. Drehen und die nächste Kante von Seite #5 an die Oberkante von Seite #2 stecken und nähen. Wieder die Nahtenden verriegeln.

g. Drehen und die dritte Kante von Seite #5 an die Oberkante von Seite #3 stecken und nähen. Die Nahtenden verriegeln.

h. Nochmals drehen und die letzte Kante von Seite #5 an die Oberkante von Seite #4 stecken und steppen. Die Nahtenden verriegeln.

i. Eine Kante von Seite #6 rechts auf rechts an die Unterkante von Seite #1 stecken und steppfußbreit ansteppen. Anfang und Ende der Naht mit Rückstichen verriegeln.

j. Drehen und die nächste Kante von Seite #6 an die Unterkante von Seite #2 stecken. Steppfußbreit annähen, die Nahtenden verriegeln. Die beiden anderen Kanten bleiben noch offen, um den Schaumstoffwürfel einschieben zu können.

k. An allen Ecken die Nahtzugaben schräg abschneiden. Dabei keine Naht einschneiden.

l. Die Bauklotz-Bezüge auf rechts wenden und die Ecken mit einem Hilfsmittel herausdrücken.

m. Gemäß den Anleitungen in Schritt 2 und 3 insgesamt neun Würfel nähen.

• SCHRITT 4 •

Den Schaumstoff einlegen und die Klötze zunähen.

(ZEICHNUNG 3)

a. Einen Schaumstoffwürfel kräftig zusammendrücken, durch die Öffnung in den Bezug schieben und sorgfältig in die Ecken drücken.

b. Die Nähte glätten. Die Nähte sollen jeweils an den Kanten des Schaumstoffwürfels anliegen, damit die Flächen des Würfels nicht uneben werden.

c. Die Stoffkanten an den Öffnungen knapp 1 cm nach innen einschlagen und mit Stecknadeln am Schaumstoff fixieren. Die Öffnungen von Hand mit überwendlichen Stichen zunähen.

Transportbeutel

• SCHRITT 1 •

Alle Teile aus dem Stoff zuschneiden.

a. Die Abmessungen mit Lineal und auswaschbarem Textilstift direkt auf der rechten Stoffseite anzeichnen. Die Teile auf den angezeichneten Linien zuschneiden.

b. Aus dem ersten Druckstoff:

- 1 Vorderseite, 47,5 x 60 cm
- 1 Rückseite, 47,5 x 60 cm
- 1 Band, 20 x 62,5 cm

c. Aus dem zweiten Druckstoff:

- 2 Futterteile, 47,5 x 60 cm
- 2 Zugbänder, je 10 x 55 cm

d. Aus der Aufbügel-Einlage:

- 2 Teile, je 47,5 x 60 cm

e. Aus dem Aufbügel-Vlies:

- 1 Streifen, 5 x 62,5 cm

• SCHRITT 2 •

Die Einlagen aufbügeln und die Applikation vorbereiten.

a. Das Vorderteil mit der rechten Stoffseite nach oben auf die beschichtete Seite der Einlage legen. Gemäß Herstelleranweisung aufbügeln, dabei das Bügeleisen auf »Wolle« stellen.

b. Ebenso Einlage auf das Teil für die Beutelrückseite bügeln.

c. Gemäß Herstelleranweisung Haftvlies auf die linke Seite des Stoffes für die Applikation bügeln.

d. Den vergrößerten Buchstaben ausschneiden. Mit der bedruckten Seite nach unten auf das Haftvlies legen und die Kontur auf das Trägerpapier zeichnen.

e. Den Buchstaben aus Stoff ausschneiden, erst dann das Trägerpapier abziehen.

• SCHRITT 3 •

Den Buchstaben auf die Vorderseite applizieren.

a. Den Buchstaben mittig und 11 cm über der Unterkante auf das Vorderteil legen. Gemäß Herstelleranweisung aufbügeln.

b. Die Buchstabenkontur mit engen Zickzackstichen ringsherum aufsteppen.

• SCHRITT 4 •

Henkel und Zugband nähen. (ZEICHNUNG 4)

HENKEL:

a. Den Stoffstreifen links auf links längs zur Hälfte falten. Den Mittelbruch einbügeln. Den Streifen ausbreiten und die linke Stoffseite nach oben drehen.

b. Den Vliesstreifen auf einer Seite am Mittelbruch anlegen und gemäß Herstelleranweisung aufbügeln.

c. Den Henkel gemäß der Anleitung für ein Band (Seite 172) nähen. Die Schmalseiten nicht einschlagen.

d. Die Enden an der rechten Seitenkante des Vorderteils rechts vom Buchstaben anlegen: 4 cm über der Unterkante und 7,5 cm unter der Oberkante. Den Henkel nicht verdrehen. Die Enden feststecken und knappkantig mit der Maschine festheften.

ZUGBAND:

a. Die beiden Stoffstreifen rechts auf rechts aufeinanderlegen und die Schmalseiten an einem Ende steppfußbreit zusammennähen. Die Nahtenden verriegeln. Die Nahtzugaben auseinanderbügeln.

b. Die Schmalseiten 1 cm nach links einschlagen, dann den Streifen längs zur Hälfte falten. Das Band gemäß der Anleitung im Anhang (Seite 172) nähen.

• SCHRITT 5 •

Den äußeren Beutel nähen.

a. Das Vorderteil (mit Henkel) und die Rückseite rechts auf rechts aufeinanderlegen und die Kanten ausrichten. Der Henkel liegt zwischen den Stofflagen. Unterkante und Seiten zusammenstecken.

b. Unterhalb der linken Ecke (gegenüber dem Henkel) an der Seitenkante bei 4 cm und 6 cm Markierungen für den Tunnelzug anzeichnen.

c. Die Seitennaht steppen: Von der oberen linken Ecke bis zur 4-cm-Markierung, dann von der 6-cm-Markierung bis zum Ende. Fortlaufend die untere und die andere seitliche Naht steppen. Alle Nahtenden mit Rückstichen verriegeln.

d. Die Nahtzugaben an den Ecken schräg abschneiden.

e. Den äußeren Beutel auf rechts wenden, die Ecken sorgfältig herausdrücken. Die Nahtzugaben auseinanderbügeln.

• SCHRITT 6 •

Das Futter nähen.

a. Beide Futterteile rechts auf rechts aufeinanderlegen. Die Kanten ausrichten, beide Seiten und die Unterkante zusammenstecken und steppfußbreit zusammennähen. Anfang und Ende der Naht mit Rückstichen verriegeln.

b. Die Nahtzugaben an den Ecken schräg abschneiden. Die Nahtzugaben auseinanderbügeln. Das Futter auf links gedreht lassen.

• SCHRITT 7 •

Futter und Außenstoff zusammensetzen.

a. Das Futter (auf links) über den Außenstoff (auf rechts) ziehen.

b. Oberkanten und Seitennähte ausrichten und feststecken. Die Oberkanten steppfußbreit zusammennähen, dabei in der hinteren Mitte ein 10 cm langes Stück offen lassen. Beide Nahtenden mit Rückstichen verriegeln.

c. Den Beutel auf rechts wenden und das Futter nach innen schieben. Die Oberkante bügeln.

d. Die Stoffkanten an der Öffnung 1 cm breit nach links einschlagen und zusammenstecken. Die gesamte Oberkante knappkantig absteppen.

• SCHRITT 8 •

Den Tunnelzug steppen und das Band einziehen.

a. Zweimal komplett um den oberen Beutelrand steppen – einmal 2,5 cm unter der Oberkante, einmal 5 cm unter der Oberkante. Die Nahtenden mit Rückstichen verriegeln.

b. Die Sicherheitsnadel an einem Ende des Zugbandes befestigen und in die Öffnung in der Seitennaht schieben. Das Band ganz durch den Tunnel und aus derselben Öffnung herausziehen. Die Sicherheitsnadel entfernen und die Bandenden verknoten.

r.

SCHMUSEKATZE

Fertige Größe: 21 x 24 cm
Schwierigkeitsgrad: 2

Meine ausgesprochen schmusige Katze Birdie stand Pate für dieses Kuscheltier. Der Schwanz hat genau die richtige Größe, damit kleine Hände die Katze daran festhalten und überallhin mitnehmen können.

STOFFE

* 1 Rest mittelfester Druckstoff, 30 x 25 cm, für die Vorderseite der Katze
* 1 passender Rest mittelfester Druckstoff, 37,5 x 25 cm, für die Rückseite der Katze und einen Streifen auf dem Schwanz
* 1 Rest Druckstoff, 10 x 15 cm, für 2 Streifen auf dem Schwanz und die Füße
* 1 Rest Unistoff, 12,5 x 12,5 cm, für Nase und Ohren

ZUBEHÖR

* 15 cm (42,5 cm breit) Haftvlies zum Aufbügeln
* 1 Rest leichte Einlage zum Aufbügeln, 7,5 x 12,5 cm
* Kopierrädchen und wachsfreies Schneider-Kopierpapier
* 1 Rolle passendes Allzweck-Nähgarn
* Sticknadel zum Aufsticken von Barthaaren, Augen und Schnauze
* 1 Strang passendes Baumwoll-Perlgarn
* 1 Beutel (350 g) Naturfaser-Füllwatte
* Pfeiltrenner

• SCHRITT 1 •

Die Schnittmuster-Teile zuschneiden.

Aus dem Schnittmusterbogen in der Einstecktasche vorn im Buch ausschneiden:

– Körper
– Ohren
– Nase
– Füße

• SCHRITT 2 •

Alle Teile aus dem Stoff zuschneiden.

a. Aus dem ersten Druckstoff-Rest:

– 1 Körper Vorderseite

b. Das Schnittmuster umdrehen (bedruckte Seite nach unten) und aus dem zweiten Druckstoff-Rest zuschneiden:

– 1 Körper Rückseite

c. Die Streifen mit Lineal und auswaschbarem Textilstift direkt auf der rechten Seite der Stoffe anzeichnen.

Aus dem zweiten Druckstoff-Rest:

– 2 Streifen, je 2,5 x 7,5 cm

Aus dem dritten Druckstoff-Rest:

– 4 Streifen, je 2,5 x 7,5 cm

d. Auf die linke Seite des dritten Druckstoff-Rests Haftvlies aufbügeln, dann zuschneiden:

- 1 Satz Füße

e. Aus dem Uni-Stoffrest:

- 1 Nase

f. Auf die linke Stoffseite des restlichen Unistoffs Haftvlies aufbügeln, dann zuschneiden:

- 4 Ohren

g. Aus der Aufbügel-Einlage:

- 1 Nase

• SCHRITT 3 •

Die Markierungen vom Schnittmuster auf den Stoff übertragen. (ZEICHNUNG 1)

a. Mit Schneider-Kopierpapier und einem Kopierrädchen oder mit Schneiderkreide alle Markierungen von den Schnittmustern auf die entsprechenden Stoffteile übertragen. Die Positionslinien für die Nase auf der rechten Stoffseite des vorderen Körpers anzeichnen.

b. Die Positionsmarkierungen für die Streifen auf dem Schwanz auf der rechten Stoffseite von Vorder- und Rückseite anzeichnen und jeweils mit Linien verbinden.

c. Die Augen auf der rechten Seite des vorderen Körpers anzeichnen.

d. Die Ansatzlinie der Füße auf der rechten Seite des vorderen Körpers anzeichnen.

e. Dann den vorderen Körper umdrehen und die Nahtlinien auf die linke Stoffseite übertragen.

f. Die Linien für Schnauze, Nasenlöcher und Barthaare auf die rechte Stoffseite der Nase übertragen.

• SCHRITT 4 •

Die Streifen vorbereiten und aufsteppen. (ZEICHNUNG 1)

a. Die Längskanten der Streifen 5 mm nach links umbügeln. Die Streifen zwischen den Markierungslinien auf vorderem und hinterem Körper aufstecken.

b. Beide Längsseiten jedes Streifens knappkantig aufsteppen. Die Nahtenden mit Rückstichen verriegeln.

• SCHRITT 5 •

Das Gesicht sticken und applizieren. (ZEICHNUNG 1)

a. Mit einer Sticknadel und Perlgarn die Augen mit Plattstich auf den vorderen Körper sticken.

b. Einlage gemäß Herstelleranweisung auf die linke Stoffseite der Nase bügeln.

c. Schnauze, Nasenlöcher und Barthaare im Rückstich auf die rechte Stoffseite der Nase sticken.

d. Die Nase auf dem vorderen Katzenkörper auf die Konturlinie legen (die Nase ist etwas größer und verdeckt die Linie). Die Nase ringsherum mit engen Zickzackstichen applizieren. Anfang und Ende der Naht mit Rückstichen verriegeln.

e. Auf der linken Stoffseite des vorderen Körpers den Stoff hinter der Nase mit einem Pfeiltrenner 5 cm weit einschneiden. Etwas Füllwatte in die Nase stopfen und den Einschnitt von Hand mit überwendlichen Stichen zunähen.

f. Das Trägerpapier vom Haftvlies an den Ohren abziehen. Die Ohren mit dem Haftvlies nach unten auf der rechten Stoffseite des Körpers an den angezeichneten Positionen aufbügeln. Anschließend die inneren Konturen mit engen Zickzackstichen nachsteppen.

g. Das Trägerpapier vom Haftvlies an den Füßen abziehen. Die Füße mit dem Haftvlies nach unten auf der rechten Stoffseite des vorderen Körpers an der angezeichneten Position aufbügeln. Die obere Kontur mit engen Zickzackstichen nachsteppen.

• SCHRITT 6 •

Den Körper zusammennähen. (ZEICHNUNG 2)

a. Vorder- und Rückseite des Körpers rechts auf rechts aufeinanderlegen. Ohren und Streifen sorgfältig ausrichten, dann die Außenkanten des Körpers zusammenstecken. Auf der angezeichneten Stepplinie zusammennähen, dabei unter dem Schwanz eine 6 cm lange Öffnung lassen. Die Nahtenden mit Rückstichen verriegeln.

b. Die Nahtzugaben auf 5 mm zurückschneiden. Den Stoff zwischen den Füßen einschneiden. Die Nahtzugaben an den Rundungen in Abständen von 1–2 cm einknipsen. Dabei die Naht nicht beschädigen.

• SCHRITT 7 •

Die Katze ausstopfen.

a. Den Katzenkörper auf rechts wenden. Ohren, Schwanz und Füße mit einer Wendehilfe herausdrücken. Bügeln.

b. Den Körper fest mit Füllwatte ausstopfen. Die Watte sorgfältig in Ohren, Füße und Schwanz schieben. Die unversäuberten Kanten an der Öffnung 1 cm breit nach links einschlagen und von Hand mit überwendlichen Stichen zusammennähen.

Zeichnung

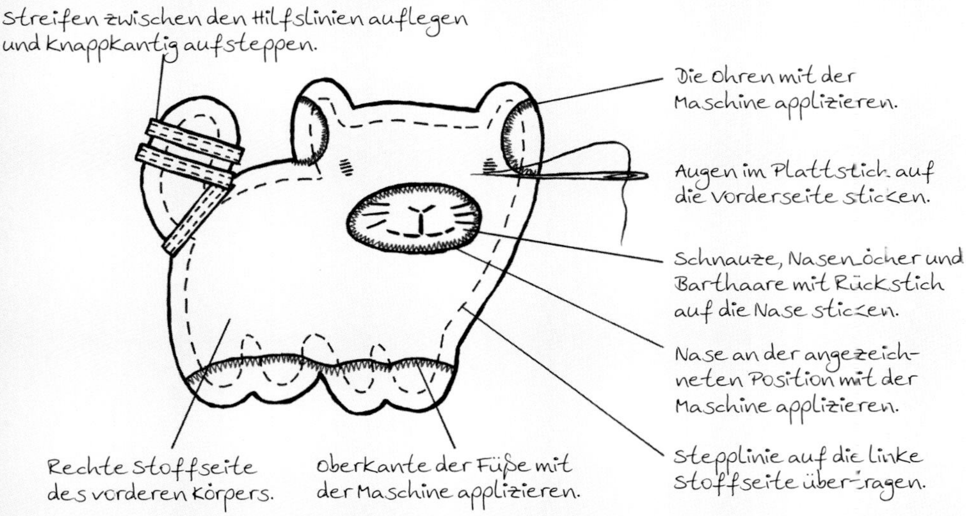

Zeichnung

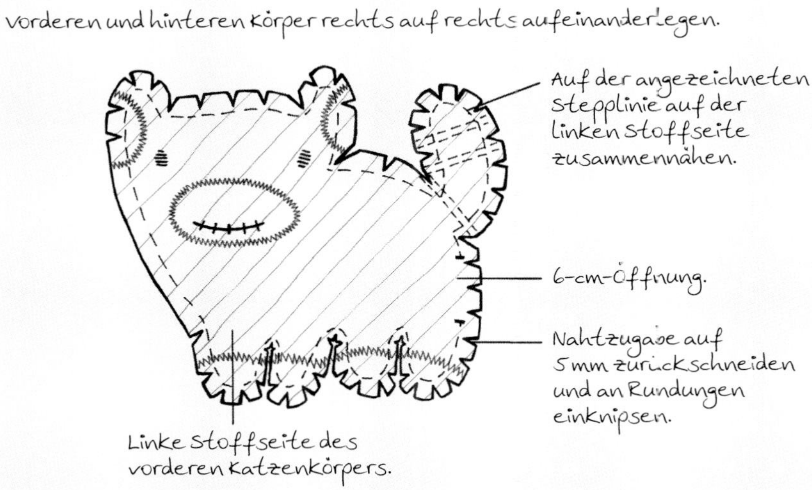

My Family

Kapitel: 7

Zur Erinnerung

* BILDER-LEPORELLO * MINI-FOTOALBUM

Hier kommen noch einige Kleinigkeiten für Mama (und Papa und Oma und Opa). Die allerersten Babyfotos möchte jeder gern haben, am liebsten in einem speziell dafür genähten Leporello. Vielleicht möchten Sie auch für Ihr Baby ein Album mit Bildern der Familie zusammenstellen, die es sich später, wenn es erwachsen ist, bestimmt immer wieder anschaut.

BILDER-LEPORELLO ⇛

Anleitung: S. 162

MINI-FOTOALBUM

Anleitung: S. 165

S.

Bilder-Leporello

Fertige Größe: 12,5 x 12,5 cm (geschlossen), 12,5 x 75 cm (ausgeklappt)
Schwierigkeitsgrad: 1

Wenn Sie dieses bezaubernde Leporello mit einer Serie von Babyfotos zücken, werden Sie Freunde und Verwandte mit Ihrem süßen Nachwuchs (und Ihrem kreativen Talent) beeindrucken. Das Buch – teilweise eine Papier-Bastelarbeit, teilweise ein einfaches Nähprojekt – lässt sich mit anderen Stoffen immer wieder abwandeln.

STOFFE

* Ein Rest Druckstoff, 17,5 x 35 cm, für vorderen und hinteren Umschlag
* Ein passender Rest Unistoff, 15 x 15 cm, für die Herz-Applikation

ZUBEHÖR

* 15 x 15 cm Haftvlies zum Aufbügeln (z. B. Vliesofix von Freudenberg)
* Cutter
* Metall-Lineal
* 1 Bogen glattes, dickes Papier 55 x 75 cm (100–120 g/m^2)
* 1 Stück Hartfaserplatte, 6 mm stark
* 1 Rolle passendes Allzweck-Nähgarn
* Bastelkleber (transparent auftrocknend)
* 10 quadratische Fotos 7,5 x 7,5 cm (schwarzweiß oder sepia)
* Doppelseitiges Klebeband
* 1 Reststück Pappe
* 60 cm (1 cm breit) passendes Band

• SCHRITT 1 •

Das Schnittmuster ausschneiden.

Aus dem Schnittmusterbogen in der Einstecktasche vorn im Buch ausschneiden:

– Herz-Applikation

• SCHRITT 2 •

Alle Teile für das Leporello zuschneiden.

a. Mit Lineal und auswaschbarem Textilstift die folgenden Maße direkt auf der rechten Stoffseite anzeichnen. Danach die Teile auf den angezeichneten Linien zuschneiden.

Aus dem Druckstoff:

– 1 vorderer Umschlag, 17,5 x 17,5 cm
– 1 hinterer Umschlag, 17,5 x 17,5 cm

b. Auf die linke Seite des passenden Unistoffs gemäß Herstelleranweisung das Haftvlies aufbügeln, dann zuschneiden:

– 1 Herz-Applikation mit Hilfe des Schnittmusters. (Das Schnittmuster mit der bedruckten Seite nach oben auf die rechte Stoffseite legen.)

c. Zum Zuschneiden von Papier und Hartfaserplatte Bleistift, Metall-Lineal und Cutter verwenden.

Aus dem dicken Papier:

– 1 Teil, 12,5 x 75 cm

Aus der Hartfaserplatte:

– 2 Teile, je 12,5 x 12,5 cm

• SCHRITT 3 •

Den vorderen Umschlag anfertigen. (ZEICHNUNG 1)

a. Vom Haftvlies auf dem Herz das Trägerpapier abziehen. Das Herz mit dem Haftvlies nach unten auf der rechten Stoffseite des vorderen Umschlags an der unteren rechten Ecke anlegen. Gemäß Herstelleranweisung auf den Stoff bügeln. Dann die beiden Rundungen der Herz-Applikation mit engen Zickzackstichen nachsteppen.

Hinweis: Falls der Druckstoff durch den applizierten Unistoff durchschimmert, applizieren Sie darüber noch ein zweites Herz.

b. Den Kleber mit einem Reststück Pappe gleichmäßig auf einer Seite einer Hartfaserplatte verstreichen. Den vorderen Umschlag mit der linken Stoffseite nach oben legen, die Hartfaserplatte mit der eingeleimten Seite nach unten mittig darauflegen und fest andrücken. Dann umdrehen und den Stoff glatt streichen.

c. Einen 2,5 cm breiten Streifen auf der Rückseite der Hartfaserplatte mit Kleber bestreichen. Die Stoffkanten des vorderen Umschlags umfalten und an die eingeleimte Platte drücken. Den Stoff an den Ecken dreieckig hochnehmen und gut andrücken.

d. Die hochstehenden Stoffdreiecke bis auf 3 mm abschneiden. Diese Schnittkanten aufeinanderlegen und festkleben. Mit einem dicken Buch beschweren, bis der Kleber getrocknet ist.

• SCHRITT 4 •

Den hinteren Umschlag anfertigen.

a. Den Stoff längs und quer zur Hälfte falten, um die Mitte zu finden. Einen Bruch einbügeln und den Stoff wieder ausbreiten.

b. Auf dem Band im Abstand von 22,5 cm zu einem Ende eine Markierung anzeichnen.

c. Auf der rechten Stoffseite des hinteren Umschlags die Markierung auf dem Band auf die Mittelmarkierung stecken und mit einigen Stichen festnähen.

d. Nun wie in Schritt 3b bis 3d den Stoff an das zweite Stück Hartfaserplatte kleben.

• SCHRITT 5 •

Das Papier für die Seiten falten.

a. Mit Lineal und Bleistift in Abständen von jeweils 12,5 cm Markierungen an den Längsseiten des Papiers anzeichnen.

b. Zwischen den ersten beiden Markierungen ein Lineal anlegen. Das Lineal fest andrücken und das Papier entlang seiner Kante scharf falzen.

c. Das Papier umdrehen, das Lineal an den zweiten Markierungen anlegen und das Papier wieder falzen.

d. Wiederholen, bis das ganze Papier ziehharmonikaförmig gefaltet ist.

• SCHRITT 6 •

Die Fotos einlegen.

a. Auf der obersten und untersten Seite des Papiers mit Bleistift dünn ein X anzeichnen (zur Erinnerung, dass hier keine Fotos plaziert werden dürfen). Das Papier auseinanderfalten und mit den X-Markierungen nach unten auf den Tisch legen. Auf jeder Seite mit einem kleinen Stück doppelseitigem Klebeband mittig ein Foto befestigen.

b. Das Papier umdrehen. Auch auf den anderen vier freien Seiten mittig Fotos aufkleben. Um zu prüfen, ob die Bilder einander genau gegenüberliegen, halten Sie das Papier gegen das Licht.

c. Mit großen Zickzackstichen die Fotokonturen nachsteppen. Dabei werden die Fotos auf beiden Seiten jeder Leporello-Seite mitgefasst. Auf den Seiten an den Enden befindet sich nur jeweils ein Foto. Die Nahtenden mit Rückstichen verriegeln.

• SCHRITT 7 •

Die Seiten am Umschlag befestigen.

a. Die mit X markierte vordere Seite mit Kleber bestreichen. Das geht am besten mit einem Reststück Pappe.

b. Die eingeleimte Seite mittig auf die Rückseite des vorderen Umschlags legen und andrücken. Die Herz-Applikation zeigt an, wo oben und unten ist.

c. Die letzte mit X markierte Seite ebenso an die Rückseite des hinteren Umschlags kleben.

d. Das Leporello mit einem dicken Buch beschweren und den Kleber über Nacht ganz durchtrocknen lassen.

e. Das fertige Leporello auf der rechten Seite mit den Bändern zubinden.

Zeichnung 1.

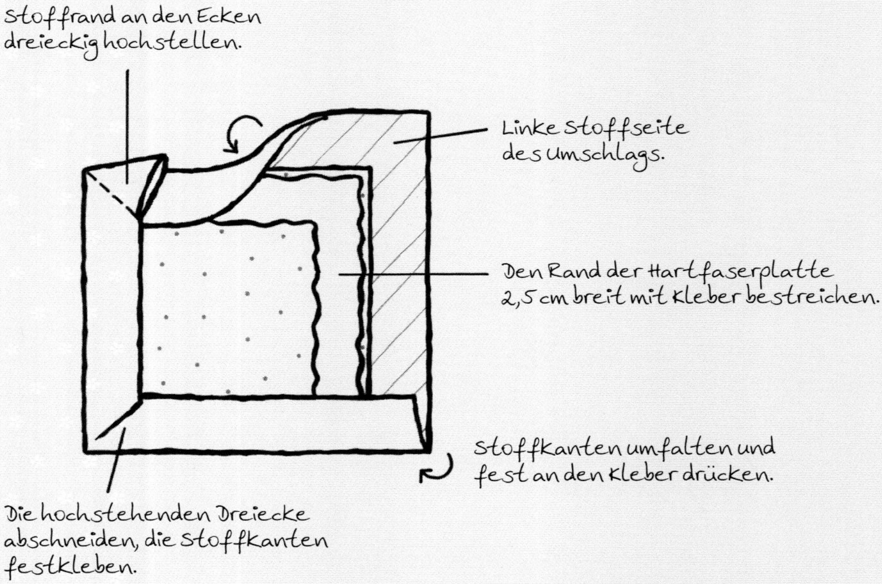

t.

MINI-FOTOALBUM

Fertige Größe: 15 x 15 x 3 cm (geschlossen), 15 x 31 cm (aufgeschlagen)
Schwierigkeitsgrad: 4

Zeit für die Familie und Zeit zum Spielen – wo ist da der Unterschied? Beim Blättern in diesem weichen Fotoalbum lernt Ihr Baby alle Mitglieder der Familie kennen. Egal, für welchen Stoff Sie sich entscheiden: Das Album mitsamt den Bildern ist waschmaschinenfest.

STOFFE

* 25 cm (110 oder 135 cm breit) mittelfester Druckstoff für den Umschlag
* 25 cm (110 oder 135 cm breit) mittelfester passender Druckstoff für das Umschlagfutter
* 50 cm (110 oder 135 cm breit) passender Druckstoff für die Rahmen der Fotoseiten
* 2 kleine Stoffreste mit Blumenmotiven für die plastische Verzierung

ZUBEHÖR

* 115 cm (50 cm breit) mittelfeste, gewebte Aufbügel-Einlage (wir verwenden Pellon-Stacy-Shape-Flex 101 von Freudenberg)
* 25 cm (110 cm breit) Volumen-Vlies zum Aufbügeln (wir verwenden Thermolam Plus)
* 4 Stücke vorbehandelten Stoffs zum Bedrucken mit Tintenstrahldrucker, Format DIN A 4
* Computer, Scanner und Tintenstrahldrucker
* 12 Familienfotos (möglichst mit hellem Hintergrund)
* Flüssiger Weichspüler
* Sprühstärke
* 1 Rolle passendes Allzweck-Nähgarn
* 1 Handvoll Naturfaser-Füllwatte
* 11 cm (2 cm breit) Klettband zum Aufnähen

HINWEIS

* Beginnen Sie rechtzeitig, denn die Bilder (Schritt 2) müssen über Nacht trocknen.

• SCHRITT 1 •

Alle Teile aus dem Stoff zuschneiden.

a. Aus dem Außenstoff:
– 1 Umschlag, 34 x 17,5 cm
– 1 Klappe, 12,5 x 7,5 cm

b. Aus dem Druckstoff für das Futter:
– 1 Umschlag, 34 x 17,5 cm
– 1 Klappe, 12,5 x 7,5 cm

c. Aus dem Druckstoff für die Rahmen:
– 36 Kantenstreifen, je 4 x 16 cm
– 6 Mittelstreifen, je 5 x 16 cm

d. Aus der Aufbügel-Einlage:
– 1 Umschlag, 34 x 17,5 cm
– 1 Klappe, 12,5 x 7,5 cm
– 6 Stücke, je 30 x 16 cm

e. Aus dem Aufbügel-Vlies:
- 1 Umschlag, 34 x 17,5 cm
- 1 Klappe, 12,5 x 7,5 cm

• SCHRITT 2 •

Die Bilder drucken.

a. Zuerst die Gebrauchsanweisung für den bedruckbaren Stoff gründlich lesen. Den Titelschriftzug für das Buch (auf dem Schnittbogen vorn im Buch) scannen und auf den Stoff drucken.

b. Zwölf Familienfotos scannen und mit einem Bildbearbeitungsprogramm auf das Format 11 x 11 cm bringen. Das erste Bild auf ein Ende des ersten Stoffstücks drucken. Die Tinte mindestens 5 Minuten trocknen lassen, dann den Stoff umdrehen und das zweite Bild auf das andere Ende desselben Stoffstücks drucken.

c. Gemäß Herstelleranweisung den bedruckten Stoff mit Weichspüler ausspülen – *diesen Schritt keinesfalls überspringen*. Dann über Nacht trocknen lassen.

d. Die Bilder mit Stärke einsprühen und bügeln. Dadurch wird die Drucktinte noch besser fixiert.

e. Die Bilder so zuschneiden, dass jedes Motiv in der Mitte eines Quadrats von 14 x 14 cm sitzt.

f. Den Titelschriftzug auf 2,5 x 9 cm zuschneiden. Auch hier soll der Schriftzug mittig liegen.

• SCHRITT 3 •

Die Seiten vorbereiten. (ZEICHNUNG 1)

Hinweis: Jedes Foto erhält einen Rahmen aus Druckstoff. Sie nähen insgesamt sechs Seiten, die links auf links zusammengesteppt und dann gewendet werden, so dass drei Bögen entstehen. Jeder Bogen wird in der Mitte gefaltet und entlang der Mitte an den Umschlag gesteppt. So ergeben sich sechs Blätter mit Vorder- und Rückseite, also Platz für 12 Fotos. Legen Sie die Anordnung der Fotos fest, ehe Sie beginnen.

a. Einen 4 cm langen Stoffstreifen rechts auf rechts an der Oberkante des ersten Fotos anlegen, feststecken und steppfußbreit aufnähen. Anfang und Ende der Naht mit Rückstichen verriegeln. Die überstehenden Streifenenden bündig mit dem Foto abschneiden. Den Streifen vom Foto wegfalten und bügeln. Einen zweiten 4 cm breiten Streifen ebenso an der Unterkante des Fotos aufsteppen.

b. Auf die gleiche Weise 4 cm breite Stoffstreifen an Ober- und Unterkante des zweiten Fotos ansteppen. Vom Foto wegfalten und bügeln.

c. Einen 4 cm breiten Stoffstreifen rechts auf rechts an der linken Kante des ersten Fotos anlegen, stecken und steppfußbreit entlang der Kante aufsteppen. Anfang und Ende der Naht mit Rückstichen verriegeln. Den Streifen vom Foto wegfalten und bügeln.

d. Auf die gleiche Weise einen 4 cm langen Streifen an der rechten Kante des zweiten Fotos annähen.

e. Einen 5 cm breiten Stoffstreifen rechts auf rechts an der rechten Kante des ersten Fotos anlegen, stecken und steppfußbreit entlang der Kante aufsteppen. Anfang und Ende der Naht mit Rückstichen verriegeln.

f. Die noch freie Längskante des 5 cm breiten Streifens rechts auf rechts an der linken Kante des zweiten Fotos anlegen, stecken und steppfußbreit entlang der gesteckten Kante steppen. Beide Nahtenden mit Rückstichen verriegeln. Die Nahtzugaben vom Foto wegbügeln.

g. Für die weiteren fünf Bögen die Schritte 3a bis 3f wiederholen.

• SCHRITT 4 •

Die Bögen mit Einlage verstärken.

a. Eine Fotoseite mit der rechten Seite nach oben auf die beschichtete Seite der Einlage legen und gemäß Herstelleranweisung aufbügeln. Dabei das Bügeleisen auf »Wolle« stellen.

b. Die übrigen Seiten ebenso mit Einlage versteifen.

• SCHRITT 5 •

Die Bögen nähen.

a. Den ersten und zweiten Bogen rechts auf rechts legen und die Außenkanten bündig zusammenstecken. Steppfußbreit zusammennähen, dabei an der Unterkante rechts von der Mitte eine 10 cm lange Öffnung lassen. Beide Nahtenden mit Rückstichen verriegeln.

b. Die Nahtzugabe an den Ecken schräg abschneiden. Den Bogen auf rechts wenden und die Ecken mit einer Wendehilfe herausdrücken. Bügeln.

c. Die Nahtzugaben an der Öffnung einschlagen und zusammenstecken. Den Bogen knappkantig absteppen. Die anderen beiden Bögen ebenso verarbeiten. Beiseitelegen.

• SCHRITT 6 •

Die Blüten für den Umschlag nähen. (ZEICHNUNG 2)

a. Aus einem Stoffrest mit Blumenmotiven eine Blume ausschneiden. Dabei ringsherum etwa 2,5 cm zugeben. Teile gleicher Größe aus dem Stoffrest für die Rückseite und dem Aufbügel-Vlies zuschneiden.

b. Das Vlies gemäß Herstelleranweisung auf die linke Stoffseite der Blume bügeln. Die Kontur nachschneiden, dabei aber 1 cm als Nahtzugabe stehen lassen.

c. Blume und Rückseite rechts auf rechts aufeinanderstecken und ringsherum entlang der Blütenkontur mit kleinen Stichen zusammensteppen. Die Nahtzugabe auf 5 mm zurückschneiden.

d. In die Rückseite einen 2,5 cm langen Schlitz schneiden und durch diesen die Blume auf rechts wenden. Die Blütenblätter herausdrücken und etwas Füllwatte in die Blume stopfen. Die Öffnung von Hand zunähen.

e. Ein 2 cm langes Stück Klettband (harte Seite) mit kreuzförmigen Stichen durch alle Lagen an der Rückseite der Blume festnähen.

f. Eine zweite Blume in derselben oder einer anderen Größe auf die gleiche Weise nähen.

Hinweis: Die hier abgebildeten Blumen haben einen Durchmesser von etwa 4 cm.

• SCHRITT 7 •

Die Verschlussklappe nähen.

a. Die äußere Klappe mit der rechten Stoffseite nach oben auf die beschichtete Seite der Einlage legen. Gemäß Herstelleranweisung aufbügeln, dabei das Bügeleisen auf »Wolle« stellen. Anschließend das Vlies aufbügeln.

b. Äußere und innere Klappe rechts auf rechts aufeinanderlegen. Eine Längsseite und zwei Schmalseiten ausrichten und zusammenstecken, dann steppfußbreit zusammennähen. Anfang und Ende der Naht mit Rückstichen verriegeln.

c. Die Nahtzugaben an den Ecken schräg abschneiden, dabei aber nicht die Naht einschneiden. Die Klappe auf rechts wenden und die Ecken herausdrücken. Bügeln.

d. Einen 7,5 cm langen Streifen Klettband (harte Seite) in 1 cm Abstand zur fertigen Kante des Futters feststecken und knappkantig aufsteppen. Anfang und Ende der Naht mit Rückstichen verriegeln. Die Klappe beiseitelegen.

• SCHRITT 8 •

Den Umschlag nähen. (ZEICHNUNG 3)

a. Das äußere Hauptteil mit der rechten Stoffseite nach oben auf die beschichtete Seite der Einlage legen. Gemäß Herstelleranweisung aufbügeln, dabei das Bügeleisen auf »Wolle« stellen. Anschließend das Vlies aufbügeln.

b. Den Stoff mit dem Schriftzug »My Family« im Abstand von 2,5 cm zur rechten Stoffkante und 5 cm über der unteren Stoffkante feststecken, dann ringsherum mit engen Zickzackstichen applizieren. Anfang und Ende der Naht verriegeln.

c. Zwei 2 cm lange Stücke Klettband zum Befestigen der Blumen auf der Außenseite anbringen. Das obere etwa 4,5 cm unter der Oberkante und 7,5 cm von der rechten Kante entfernt, das untere etwa 7 cm unter der Oberkante und 11 cm von der rechten Kante entfernt. Die Klettbandstücke feststecken und knappkantig aufsteppen. Alle Nahtenden sorgfältig verriegeln.

d. Die Klappe mittig auf die rechte Schmalseite des vorderen, äußeren Umschlagteils legen. Das Klettband auf der Klappe zeigt dabei nach oben. (Die Klappe wird beim Zusammennähen des Buches endgültig befestigt.) Die Klappe feststecken und mit der Maschine knappkantig anheften.

e. Äußeren Umschlag und Futter rechts auf rechts legen. Alle Kanten ausrichten und zusammenstecken. Ringsherum steppfußbreit zusammennähen, dabei in der Mitte der Unterkante eine 10 cm lange Öffnung lassen. Anfang und Ende der Naht mit Rückstichen verriegeln.

f. Die Nahtzugabe an den Ecken schräg abschneiden. Den Umschlag auf rechts wenden und die Ecken spitz herausdrücken. An der Nahtöffnung die Stoffkanten knapp 1 cm breit nach links einschlagen und bügeln. Dann den Umschlag ringsherum knappkantig absteppen.

g. Einen 7,5 cm langen Streifen Klettband (weiche Seite) auf dem hinteren Umschlag anbringen: in Abständen von 1 cm zur Schmalseite und je 4 cm zu Ober- und Unterkante. Das Klettband feststecken und knappkantig aufsteppen. Die Nahtenden sorgfältig mit Rückstichen verriegeln.

• SCHRITT 9 •

Die Bögen am Umschlag befestigen. (ZEICHNUNG 4)

a. Den Umschlag aufklappen. Die drei Bögen mittig auf das Umschlagfutter legen und auf dem Mittelstreifen durch alle Stofflagen hindurch feststecken.

b. Entlang der Mitte des breiten Streifens durch alle Stofflagen hindurch absteppen. Die Naht beginnt in je 1 cm Abstand zur oberen und unteren Buchkante. Die Nahtenden mit Rückstichen verriegeln. Das Buch zuschlagen und sorgfältig bügeln, vor allem im Bereich des Rückens, damit die Seiten flach liegen.

Zeichnung 1

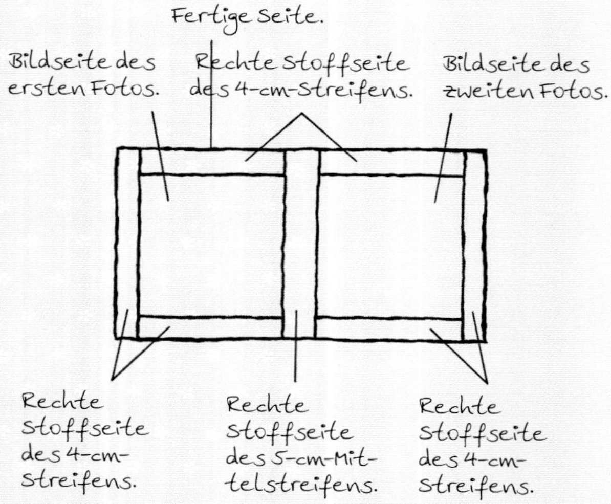

Zeichnung 2

Zeichnung 3

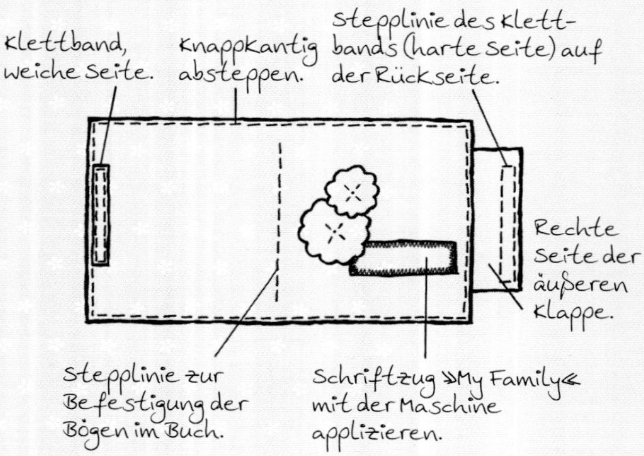

Zeichnung 4

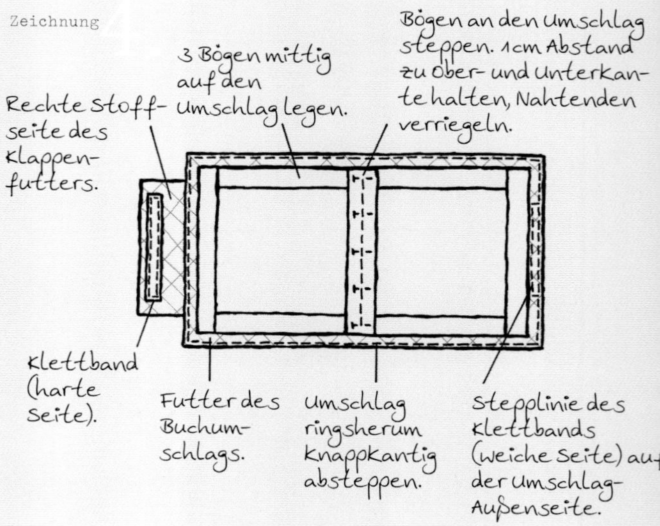

Glossar und Techniken

ABSTEPPEN: Um ein Projekt fertigzustellen, eine Öffnung zu schließen oder etwas zu befestigen, nähen Sie mit kleinen Geradstichen sehr knapp an der Kante entlang. Ein Streifen Klettband wird beispielsweise knappkantig aufgesteppt.

APPLIKATION MIT DER MASCHINE: Aus Stoff ausgeschnittene Formen werden – meist zur Dekoration – mit Hilfe eines Haftvlies auf den Untergrund aufgebügelt und dann rings um die Kante mit einem sehr engen Zickzackstich aufgesteppt.

BRIEFECKE: Eine Technik der Eckenverarbeitung an Einfassungen, Schrägstreifen und Säumen, bei der eine diagonale Falte entsteht. (siehe Einfassen)

BRUCH: Eine Faltlinie im Stoff, die zum Beispiel zur Markierung der Mitte dienen kann. Symmetrische Teile werden oft »im Stoffbruch« zugeschnitten. Dazu wird der Stoff in Längsrichtung gefaltet. Dann das Schnittmuster an die Faltlinie anlegen und den doppelt liegenden Stoff zuschneiden.

BÜGELKISSEN: Nähte an Rundungen lassen sich leichter bügeln, wenn man ein Bügelkissen unter das Werkstück legt. Solche Kissen gibt es in verschiedenen Formen im Fachhandel zu kaufen. Sie können aber auch ein mehrfach gefaltetes Handtuch verwenden.

BÜGELTUCH: Ein Tuch aus neutralem Stoff, das zwischen Werkstück und Bügeleisen gelegt wird, um zu verhindern, dass durch die Hitze glänzende Flecken auf dem Stoff entstehen. Zum Dämpfen, Bügeln von Nähten und Glätten von Falten kann das Bügeltuch angefeuchtet werden.

DREIECKSMARKIERUNGEN IN SCHNITTMUSTERN: Kleine Dreiecke an den Schnittlinien von Schnittmustern kennzeichnen die Punkte, an denen verschiedene Schnittteile zusammentreffen müssen.

ECKE ABNÄHEN: Um einem flachen Werkstück eine dreidimensionale Form zu geben (z. B. eine Tasche mit breitem Boden), legen Sie die Seitennaht auf die Bodennaht oder den Mittelbruch des Bodens und steppen quer über die dabei entstehende dreieckige Spitze. Diese Technik kommt bei der Wickeltisch-Auflage und bei der Hülle für das Bilderbuch (Seite 128 und 144) zum Einsatz.

ECKEN ABSCHRÄGEN: Damit Ecken nach dem Wenden wirklich spitz ausfallen, schneiden Sie die Nahtzugabe auf der linken Stoffseite ab. Vorsicht: nicht in die Naht schneiden! Durch das Abschrägen wird verhindert, dass sich überschüssiger Stoff nach dem Wenden im Inneren der Ecke zusammenschiebt und einen Buckel bildet.

EINFASSEN: Die unversäuberten Stoffkanten von Decken und anderen Projekten werden gelegentlich mit einem passenden oder kontrastierenden Stoffstreifen eingefasst. In diesem Buch kommen drei verschiedene Typen von Einfassungen zum Einsatz.

1. Einfassung mit doppeltem Schrägstreifen:
Der Stoffstreifen wird im schrägen Fadenlauf zugeschnitten. Dazu den Stoff mit der rechten Seite nach oben ausbreiten. Eine Ecke rechts auf rechts umfalten, so dass Schnittkante und Webkante aufeinanderliegen und sich eine Dreiecksform ergibt. Der Bruch, der schräg zum Fadenlauf verläuft, einbügeln. Dann den Stoff wieder ausbreiten und im schrägen Bruch durchschneiden.

Nun parallel zur schrägen Schnittkante in der gewünschten Streifenbreite mit Lineal und auswaschbarem Textilstift einen Strich ziehen. Weitere Streifen in der gleichen Weise anzeichnen, bis die Gesamtlänge erreicht ist, die für das Projekt benötigt wird.

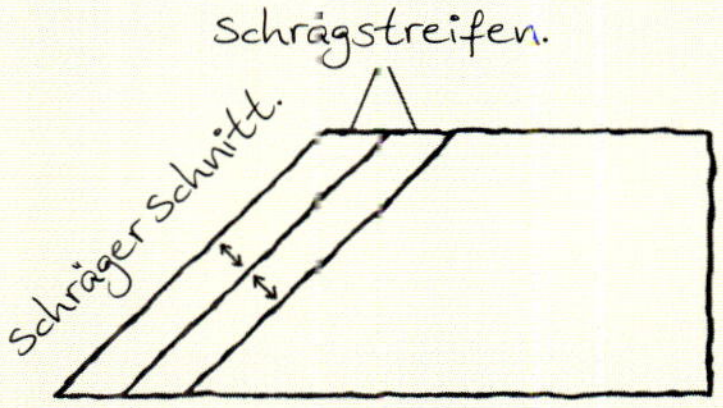

Um die Stücke zu einem fortlaufenden Streifen zusammenzusetzen, werden sie rechts auf rechts im rechten Winkel aufeinandergelegt. Die schrägen Schmalseiten steppfußbreit zusammensteppen. Dann die Nahtzugabe auf 5 mm zurückschneiden und auseinanderbügeln. Die kleinen, überstehenden Ecken der Nahtzugabe abschneiden. So fortfahren, bis der Streifen die gewünschte Gesamtlänge hat.

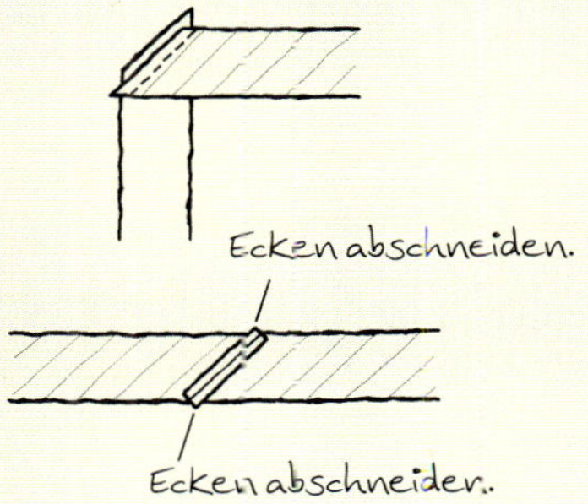

Den Schrägstreifen der Länge nach links auf links zusammenfalten und bügeln. Nun beide Schnittkanten an der rechten Seite der einzufassenden Kante anlegen. Beginnen Sie dabei in der Mitte einer Seite des einzufassenden Teils und lassen Sie mindestens 10 cm des Schrägstreifens lose hängen. Den Schrägstreifen steppfußbreit aufnähen.

Briefecken: Knapp 1 cm vor der Ecke anhalten, einige Stiche rückwärts nähen und das Werkstück von der Maschine nehmen. Das Teil um 90° drehen und den Schrägstreifen im Winkel von 45° von der Ecke wegfalten. Dann den Streifen so umfalten, dass er parallel zur nächsten einzufassenden Kante liegt. Die Falte im Streifen liegt nun parallel zur vorher eingefassten Kante. Das Werkstück unter die Maschine legen, in der Ecke einstechen und bis knapp 1 cm vor der nächsten Ecke steppen.

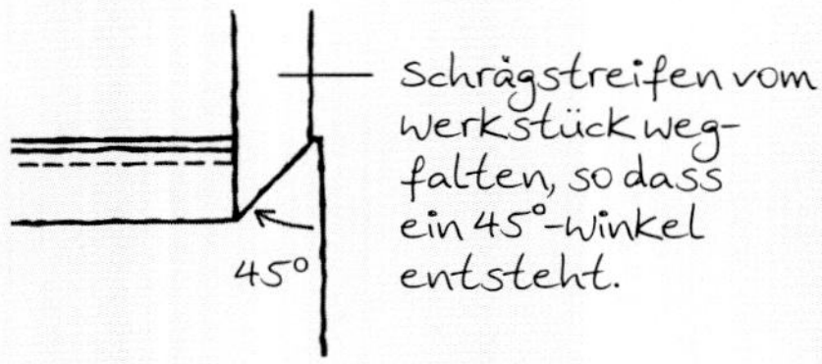

Verarbeitung des Streifenendes: Einige Zentimeter vor Erreichen des Streifenanfangs die Nadel einstechen und den Nähfuß heben. Den Anfang des Schrägstreifens 1 cm nach links umfalten und glatt an der Stoffkante anlegen. Das Ende des Schrägstreifens über dem umgefalteten Anfang feststecken und durch alle Stofflagen steppen. Beim Umschlagen des Streifens zur Rückseite des Werkstücks liegt der gefaltete Anfang über der unversäuberten Kante des Endes und verdeckt diese.

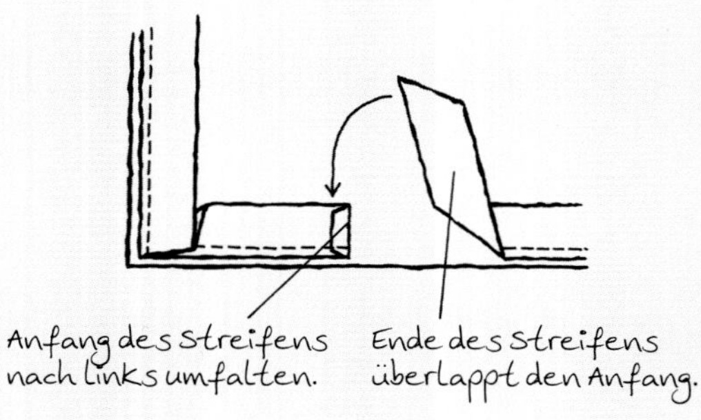

Umschlagen des Schrägstreifens zur Rückseite und Fertigstellung: Den angesteppten Schrägstreifen zur Rückseite des Werkstücks umfalten, so dass die Bruchkante die Stepplinie verdeckt. Feststecken. Die Bruchkante von Hand mit überwendlichen Stichen festnähen. Dabei die Ecken so falten, dass Briefecken entstehen.

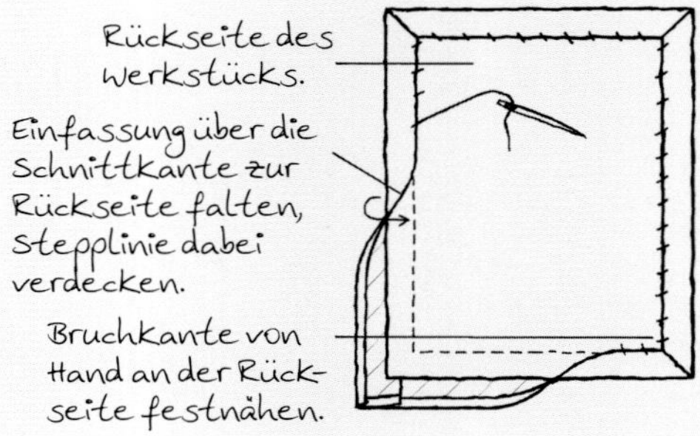

2. Einfassung mit gerade geschnittenen Streifen:

Die Streifen für die Einfassung werden quer zur Webrichtung (also von einer Webekante zur anderen) im geraden Fadenlauf geschnitten. Das Ansteppen, die Verarbeitung der Briefecken und der Streifenenden sowie das Umfalten zur Rückseite und die Fertigstellung erfolgen wie bei doppelten Schrägstreifen.

3. Einfassung mit einfachem Schrägstreifen:

Die Schrägstreifen zuschneiden und zusammensetzen, wie unter 1. beschrieben. Dann eine Längsseite des zusammengesetzten Streifens 1 cm nach links umbügeln. Die andere Schnittkante des Schrägstreifens rechts auf rechts an die einzufassende Kante stecken. Dabei nicht an einer Ecke beginnen, sondern in der Mitte einer Seite. Mindestens 10 cm des Schrägstreifens lose hängen lassen. Den Streifen ansteppen und Briefecken arbeiten (siehe 1.) Die umgebügelte Kante des Schrägstreifens zur Vorderseite des Projekts umfalten, so dass sie die Stepplinie bedeckt. Feststecken und entlang der Bruchkante knappkantig aufsteppen.

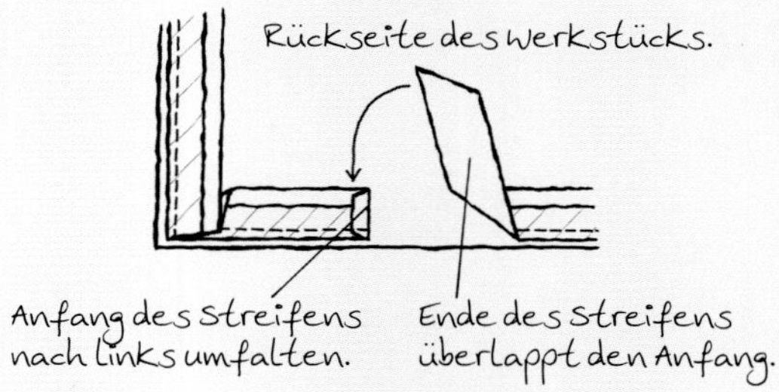

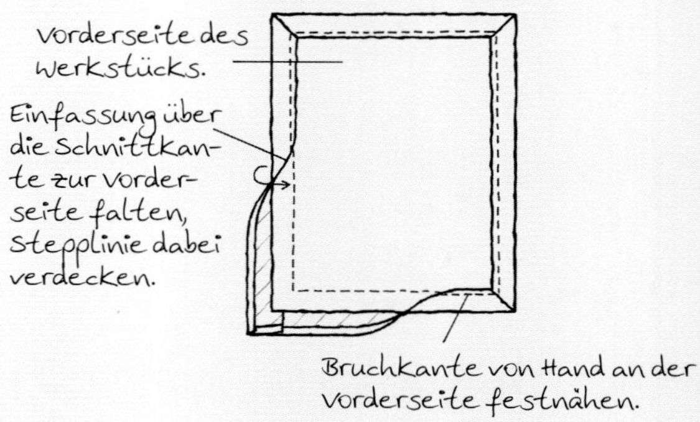

EINKNIPSEN/EINSCHNEIDEN: An Rundungen schneidet man die Nahtzugaben ein, damit sie später nach dem Wenden des Werkstücks schön flach liegen. Mit der Spitze der Schere kleine Keile aus der Nahtzugabe herausknipsen, aber dabei auf keinen Fall die Naht durchschneiden.

FADENLAUF: Die meisten Stoffe sind gewebt. Sie bestehen aus Kettfäden (in Längsrichtung des Stoffballens, also parallel zur Webkante) und rechtwinklig dazu verlaufenden Schussfäden (in Querrichtung des Stoffballens). Schneidet man gewebte Stoffe in der Richtung des Fadenlaufs zu, sind die Schnittkanten nicht elastisch. Schräg zum Fadenlauf verlaufende Schnittkanten dagegen lassen sich dehnen.

Wenn von einem schrägen Bruch die Rede ist, werden zwei Stoffkanten im geraden Fadenlauf aufeinander ausgerichtet, so dass eine Faltlinie (Bruch) im Winkel von 45° zum Fadenlauf entsteht.

HEFTEN: Provisorisches Zusammennähen zum Zusammenhalten von Stofflagen. Von Hand arbeitet man mit einfachem Vorstich (auch Heftstich genannt). Es ist auch möglich, mit der Maschine zu heften. Stellen Sie den größten Geradstich ein und verriegeln Sie Anfang und Ende der Naht nicht. Der Heftfaden wird nach dem Nähen wieder entfernt.

KETTFÄDEN: *siehe Fadenlauf*

KNOPFLOCH: Zuerst müssen Sie die Größe Ihres Knopfes ausmessen. Für einen Knopf mit 1 cm Durchmesser müssen die beiden seitlichen »Raupen« (ohne die Querriegel am oberen und unteren Ende) 1 cm lang sein. Die Länge des Knopflochs an der gewünschten Position mit Kreidestift anzeichnen. Wer keine Nähmaschine mit Knopfloch-Funktion hat, geht so vor:

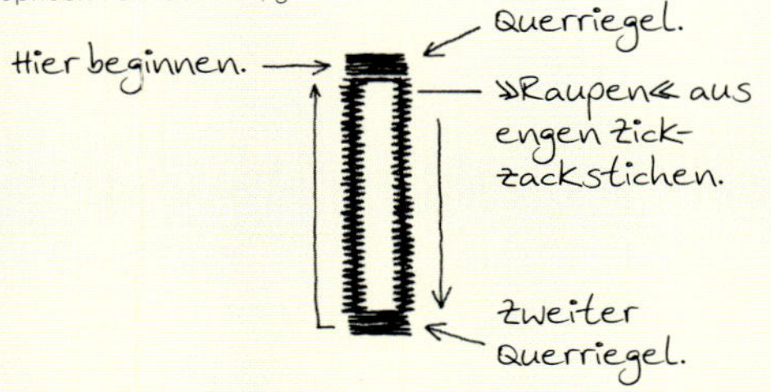

An der Nähmaschine den breitesten Zickzackstich einstellen und zuerst am oberen Ende der Knopflochmarkierung einige Stiche auf der Stelle nähen, um den ersten Querriegel zu erhalten. Dann einen engen, schmalen Zickzackstich einstellen und die erste Raupe nähen. Am unteren Ende des Knopflochs wieder einen Querriegel mit breiten Zickzackstichen auf der Stelle nähen. Erneut auf den engen, schmalen Zickzackstich umstellen und die zweite Raupe nähen. Zum Schluss die Stichbreite auf Null stellen und einige Stiche auf der Stelle nähen, um das Knopfloch zu verriegeln. Anschließend das Knopfloch vorsichtig mit dem Trennmesser aufschneiden. Dazu jeweils an den Enden einstechen und zur Mitte schneiden. So vermeiden Sie, versehentlich einen Querriegel durchzuschneiden.

KOPIERRÄDCHEN: Ein gezahntes Rädchen mit Handgriff, das man zum Kopieren von Schnittmustern oder zum Übertragen von Schnittmarkierungen auf den Stoff benutzt. Wenn man es über Papier schiebt, erzeugt es eine Linie aus kleinen Löchern.

KRÄUSELN: Stellen Sie auf der Nähmaschine den längsten Geradstich ein und lockern Sie die Unterfadenspannung. Nun eine einfache Stepplinie nähen und den Stoff durch vorsichtiges Ziehen am Spulfaden aufkräuseln.

MARKIERUNGEN ÜBERTRAGEN: Den Stoff mit der rechten Seite nach oben auf einer Arbeitsfläche ausbreiten. Darauf Schneiderkopierpapier mit der beschichteten Seite nach unten legen. Den Papierschnitt auf das Kopierpapier legen. Nun mit dem Kopierrädchen fest über die Linien fahren, die übertragen werden sollen. Kleinere Markierungen wie Punkte oder Dreiecke lassen sich besser mit einem harten Bleistift auf den Stoff durchdrücken. Sind alle Markierungen übertragen, Papierschnitt und Kopierpapier abnehmen. Die Linien und Markierungen sind nun auf dem Stoff zu erkennen.

NAHTSCHATTEN: Nach dem Bügeln der Nahtzugaben ist eine Naht von rechts als feine Linie zu erkennen. In manchen Fällen wird genau auf dieser Linie von Hand oder mit der Maschine gesteppt, so dass die Steppnaht fast unsichtbar bleibt. Darunterliegende Nähte oder Stofflagen müssen exakt ausgerichtet werden.

NAHTZUGABE: Der Bereich zwischen der eigentlichen Naht und der Schnittkante des Stoffes, der nach dem Nähen auf der linken Seite des Werkstücks liegt. Je nach Werkstück werden die Nahtzugaben auseinander oder in eine Richtung gebügelt. Bei den Zuschnittmaßen in diesem Buch ist eine Nahtzugabe von knapp 1 cm (= steppfußbreit) bereits eingerechnet, Sie müssen sie also nicht addieren.

NAHTZUGABEN ZURÜCKSCHNEIDEN: Damit gerundete Nähte nach dem Wenden schön flach liegen, schneiden Sie nach dem Nähen die Nahtzugabe auf ca. 3–5 mm zurück. Anschließend die Nähte von rechts sorgfältig bügeln.

OBERSTOFFTRANSPORTER: Ein Zubehörteil für die Nähmaschine, das anstelle eines Standard-Nähfüßchens eingesetzt werden kann. Es erleichtert die Verarbeitung rutschiger Stoffe oder mehrerer Stofflagen, die sich leicht verschieben können.

PFEILTRENNER: *siehe Trennmesser*

PLATTSTICH: *siehe Stick-Stiche*

PUNKTE AUF SCHNITTMUSTERN: Markierungen auf Schnittmustern werden mit Schneiderkreide auf die linke Stoffseite übertragen. Sie dienen verschiedenen Zwecken. Beim Zusammennähen von Besätzen können Sie die Nahtenden kennzeichnen. Manchmal markieren Sie auch Stellen, an denen man den Nähfuß hebt und den Stoff dreht, ehe man weiternäht. Sie können auch das Ende eines Einschnitts kennzeichnen (siehe Einschneiden), der es erleichtert, das Werkstück auf rechts zu wenden.

RÜCKSTICH: *siehe Stick-Stiche*

SCHNEIDER-KOPIERPAPIER: Ein spezielles Papier mit einer auswaschbaren Beschichtung, das man zum Übertragen von Schnittmarkierungen auf den Stoff benutzt.

SCHRÄGER FADENLAUF: *siehe Fadenlauf*

SCHUSSFÄDEN: *siehe Fadenlauf*

STEPPEN: Als Steppen bezeichnet man das Nähen mit der Maschine. Lässt man zum Wenden eines Werkstücks eine Öffnung, muss diese oft zum Schluss von rechts zugesteppt werden. Bereiche, die stark strapaziert werden, lassen sich durch Steppnähte verstärken. Kanten oder Nähte können auch zu dekorativen Zwecken abgesteppt werden. Damit eine Steppnaht schön gerade ausfällt, ist es am einfachsten, die Kante des Nähmaschinenfüßchens exakt an der Stoff- oder Werkstückkante entlangzuführen.

STICK-STICHE:

1. Rückstich

Zuerst die Kontur des Motivs vorzeichnen. Die Nadel bei Punkt A nach oben durch den Stoff stechen, bei B wieder nach unten. Dann bei Punkt C ausstechen und bei Punkt A wieder einstechen. Auf diese Weise entlang der vorgezeichneten Linie fortfahren.

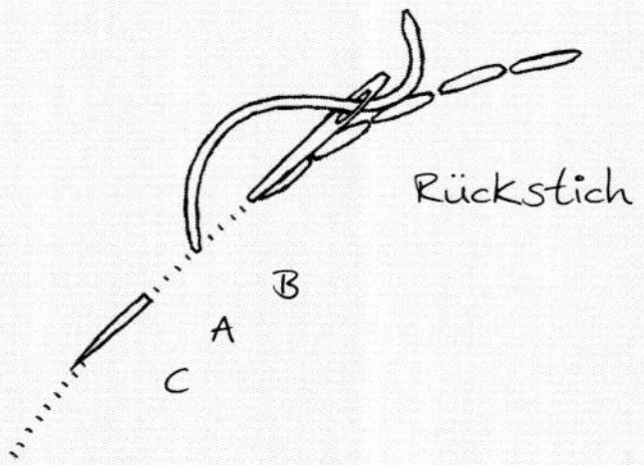

2. Plattstich

Zuerst die Kontur des Motivs vorzeichnen. Die Nadel bei Punkt A nach oben durch den Stoff stechen, bei B wieder nach unten. Dann bei Punkt C ausstechen. Auf diese Weise fortfahren. Die einzelnen Stiche liegen sehr dicht nebeneinander, so dass sie die Motivfläche ausfüllen.

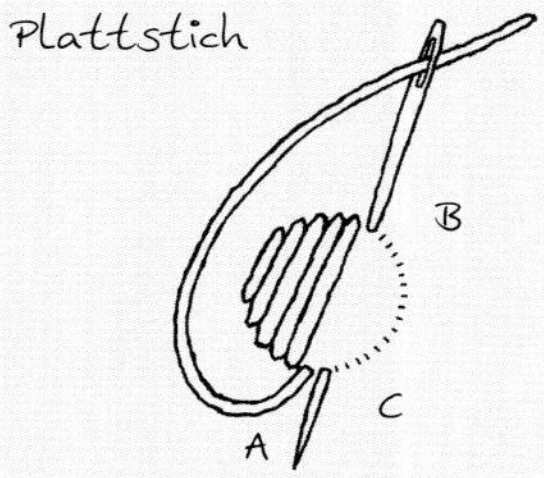

TRENNMESSER (AUCH PFEILTRENNER): Ein kleines Werkzeug mit einer hakenförmigen Spitze, deren innere Krümmung wie eine Klinge geschliffen ist. Man benutzt es, um Heftfäden zu entfernen oder eine missglückte Naht aufzutrennen.

ÜBERWENDLICHER STICH: Ein Handstich zum Zusammennähen zweier Stoffstücke oder Stoffkanten. Sie brauchen einen langen Faden Nähgarn und eine spitze Nähnadel. So wird es gemacht:

a. Den Faden einfädeln, doppelt nehmen und in beide Enden einen Doppelknoten binden.

b. Die Nadel von der Rückseite des Werkstücks durch den Stoff stechen und den Faden bis zum Knoten durchziehen.

c. Nun an der anderen Stoffkante mit der Nadel einige Gewebefäden aufnehmen. Den Faden ganz durchziehen.

d. Erst etwa 1 cm weiter die Nadel in die andere Stofflage einstechen. Dabei den Faden im Bruch verstecken. Die Nadel durch den Stoff schieben und den Faden nachziehen.

e. Fortlaufend wiederholen, bis die Naht beendet ist. Achten Sie auf regelmäßige Stichgrößen.

f. Zum Schluss dicht am Stoff einen Doppelknoten in den Faden schlingen und das Fadenende abschneiden.

VERRIEGELN: Damit Anfang und Ende einer Naht sicher halten, nähen Sie einige Stiche vorwärts, dann einige Stiche rückwärts und wieder vorwärts. Jede moderne Nähmaschine hat eine Taste oder einen Hebel zum Umschalten auf den Rückwärtsgang.

VERSÄUBERN: Damit die Schnittkante eines Stoffs nicht ausfranst, sollte man sie mit einer Nähmaschine mit Zickzackstichen einfassen. Dazu stellen Sie eine relativ große Stichbreite und eine mittlere Stichlänge ein. Die Stoffkante nun so unter die Maschine legen, dass die Nadel auf der linken Seite jedes Zackens in den Stoff einsticht, auf der rechten Seite aber ganz knapp neben dem Stoff. So greifen die Zickzackstiche über die Stoffkante hinweg und halten die Gewebefäden fest.

VERSTÄRKUNGSSTICHE: Stoffkanten, die im Bogen oder schräg zum Fadenlauf zugeschnitten wurden, dehnen sich leicht. Um das zu verhindern, näht man auf der Nahtzugabe Geradstiche, die das Gewebe festigen. An Einschnitten können solche Verstärkungsstiche gearbeitet werden, um das Ausreißen zu verhindern. Auch am Ansatz von Aufhängeschlaufen, Griffen oder anderen Stellen, die stark strapaziert werden, ist es manchmal sinnvoll, einige Stiche hin und her zu nähen.

WEBKANTE: Die Längskante des Stoffes, die fester gewebt ist als der übrige Stoff und nicht ausfranst.

WENDEHILFE: Damit Ecken schön spitz ausfallen, muss man sie herausdrücken. Wenn die Finger dafür zu groß sind, kann man ein spezielles Werkzeug aus Kunststoff oder Holz verwenden, das im Fachhandel erhältlich ist. Ebenso gut eignet sich aber auch ein Holzstäbchen, eine dickere Stricknadel oder eine geschlossene Schere. Ecken von feinen, dünnen Stoffen vorsichtig herausdrücken, um sie nicht zu beschädigen!

WENDEN: Wenn Sie beim Nähen mit der Maschine an eine Ecke kommen oder an einem anderen Punkt die Nahtrichtung ändern wollen, stechen Sie die Nadel in den Stoff (eventuell durch Drehen am Handrad). Dann heben Sie das Nähfüßchen an, drehen den Stoff, senken das Füßchen wieder ab und nähen in der neuen Richtung weiter.

ZUGBAND: Um ein Band zum Durchziehen zu nähen, gehen Sie folgendermaßen vor:

a. Den Stoffstreifen links auf links zur Hälfte falten und den Mittelbruch einbügeln.

b. Den Streifen aufklappen und die beiden langen Schnittkanten zum Mittelbruch falten. Bügeln.

c. Jetzt den Streifen wieder am Mittelbruch falten, sodass die Schnittkanten eingeschlossen werden. Die Bruchkanten an einer Längsseite des Streifens knappkantig zusammensteppen.

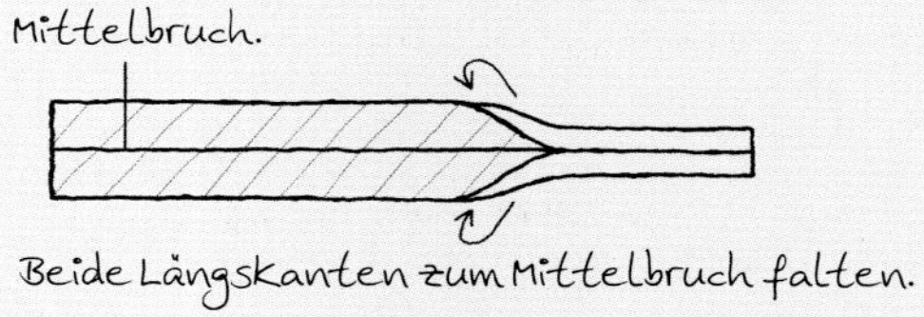

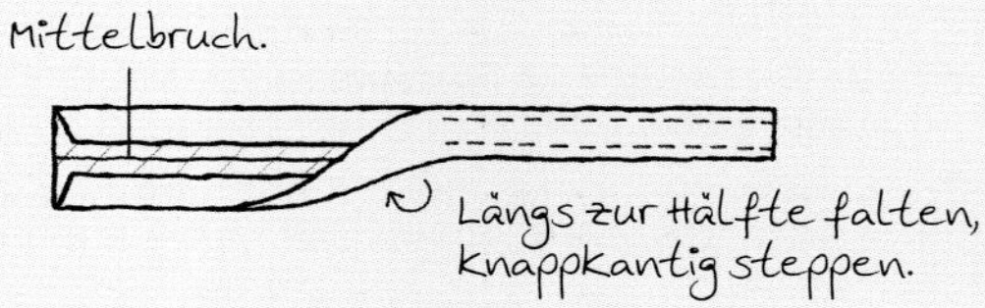

verzeichnis der verwendeten Stoffe

ÄFFCHEN-WÄSCHEBEUTEL (Seite 119)

Beutel:
AB20 Temple Garland
Farbe: Lindgrün
Aus der Kollektion Lotus
(mit passendem Unistoff)

BAUKLÖTZE MIT TRANSPORTBEUTEL (Seite 148)

Außenstoff Beutel:
HDABS3 Wood Fern
Farbe: Oliv
Aus der Kollektion Nigella
(mit passendem Unistoff)

Futter:
AB18 Tree Peony
Farbe: Himmel
Aus der Kollektion Lotus

Bauklötze:
AB18 Tree Peony
Farbe: Himmel
Aus der Kollektion Lotus

AB13 Full Moon Polka Dot
Farbe: Schiefer
Aus der Kollektion Lotus

AB20 Temple Garland
Farbe: Himmel
Aus der Kollektion Lotus
(mit passenden Unistoffen)

BETT-SET MIT TASCHEN (Seite 30)

Spannlaken:
HDABS2 Primrose
Farbe: Lindgrün
Aus der Kollektion Nigella

Volant:
HDABS8 Starflower Tiles
Farbe: Elfenbein
Aus der Kollektion Nigella

Mittelteil:
Nesselstoff

Kissen Vorderseite:
HDABS1 Water Lotus
Farbe: Elfenbein
Aus der Kollektion Nigella

Kissen Rückseite:
HDABS3 Wood Fern
Farbe: Moosgrün
Aus der Kollektion Nigella

Decke Vorderseite:
HDABS2 Primrose
Farbe: Lindgrün
Aus der Kollektion Nigella

Decke Rückseite:
HDABS1 Water Lotus
Farbe: Elfenbein
Aus der Kollektion Nigella

Decke Besatz:
HDABS3 Wood Fern
Farbe: Elfenbein
Aus der Kollektion Nigella

Schutzpolster Außenstoff:
HDABS1 Water Lotus
Farbe: Elfenbein
Aus der Kollektion Nigella

Schutzpolster Futter:
HDABS3 Wood Fern
Farbe: Moosgrün
Aus der Kollektion Nigella

BILDER-LEPORELLO (Seite 162)

Außenstoff:
AB11 Kaschmir
Farbe: Okra
Aus der Kollektion Belle
(mit passendem Unistoff)

BILDERBUCH MIT HÜLLE (Seite 144)

Tasche Außenstoff/1 Feld:
AB05 Oxford Stripe
Farbe: Lindgrün
Aus der Kollektion Belle

Tasche Futter/1 Feld:
AB01 Eyelashes
Farbe: Lindgrün
Aus der Kollektion Belle

Restliche Felder:
AB10 Chrysanthemum
Farbe: Blau
Aus der Kollektion Belle

AB07 Coriander
Farbe: Elfenbein
Aus der Kollektion Belle

AB10 Chrysanthemum
Farbe: Okra
Aus der Kollektion Belle

AB07 Coriander
Farbe: Oliv
Aus der Kollektion Belle

EMPIRE-KLEIDCHEN (Seite 75)

Oberteil:
AB21 Lotus Pond
Farbe: Pink
Aus der Kollektion Lotus

Rock:
AB13 Full Moon Polka Dot
Farbe: Kirsche
Aus der Kollektion Lotus

Hose:
AB21 Lotus Pond
Farbe: Pink
Aus der Kollektion Lotus

HÄNGERKLEID MIT HÖSCHEN (Seite 60)

Passe/Höschen:
AB22 Oxford Stripe
Farbe: Apricot
Aus der Kollektion Lotus

Rock:
AB20 Temple Garland
Farbe: Pink
Aus der Kollektion Lotus

KAPUZENDECKE (Seite 26)

Vorderseite:
einfarbiger Fleece

Rückseite/Einfassung/Bindebänder:
AB19 Lacework
Farbe: Grau
Aus der Kollektion Lotus

KIMONO-PYJAMA (Seite 43)

Hauptstoff:
AB07 Coriander
Farbe: Blau
Aus der Kollektion Belle

Besätze:
AB03 Seeds
Farbe: Entenei
Aus der Kollektion Belle

KUSCHELTIERE (Seite 38)

Schmetterling:
AB07 Coriander
Farbe: Pink
Aus der Kollektion Belle
(mit passendem Unistoff)

Marienkäfer:
AB17 Wallflower
Farbe: Pink
Aus der Kollektion Lotus
(mit passendem Unistoff)

LÄTZCHEN MIT TASCHE
(Seite 90)

SCHWEINCHEN

Lätzchen:
einfarbige Stoffe

BUNTES LÄTZCHEN

Vorderseite:
AB18 Tree Peony
Farbe: Pink
Aus der Kollektion Lotus

Rückseite/Tasche:
AB13 Full Moon Polka Dot
Farbe: Kamel
Aus der Kollektion Lotus

Besatz:
AB22 Oxford Stripe
Farbe: Senf
Aus der Kollektion Lotus

TASCHE

Außenstoff:
AB22 Oxford Stripe
Farbe: Senf
Aus der Kollektion Lotus

Futter/Bänder:
AB14 Morning Glory
Farbe: Senf
Aus der Kollektion Lotus

MAMAS TASCHE FÜR ALLE FÄLLE (Seite 96)

Außenstoff:
HDABS1 Water Lotus
Farbe: Spinat
Aus der Kollektion Nigella

Futter:
AB13 Full Moon Polka Dot
Farbe: Lindgrün
Aus der Kollektion Lotus

MINI-FOTOALBUM (Seite 165)

Außenstoff:
AB14 Morning Glory
Farbe: Senf
Aus der Kollektion Lotus

Bordüren/Blumen:
AB17 Wallflower
Farbe: Apricot
Aus der Kollektion Lotus

Futter:
AB17 Wallflower
Farbe: Senf
Aus der Kollektion Lotus

PATCHWORK-KRABBEL-DECKE (Seite 116)

Vorderseite:
AB11 Kaschmir
Farbe: Oliv
Aus der Kollektion Belle

AB05 Oxford Stripe
Farbe: Blau
Aus der Kollektion Belle

AB03 Seeds
Farbe: Entenei
Aus der Kollektion Belle

AB08 Acanthus
Farbe: Entenei
Aus der Kollektion Belle

Rückseite/Einfassung:
AB02 French Wallpaper
Farbe: Orange
Aus der Kollektion Belle

SCHLUMMERSCHNECKE MIT ABNEHMBAREN KISSEN
(Seite 124)

Rüsche:
HDABS3 Wood Fern
Farbe: Gold
Aus der Kollektion Nigella

Kissen:
AB01 Eyelashes
Farbe: Lindgrün
Aus der Kollektion Belle

Körper:
einfarbiger Flanell

Streifen:
AB07 Coriander
Farbe: Meergrün
Aus der Kollektion Belle

AB04 Henna Paisley
Farbe: Pink
Aus der Kollektion Belle

AB01 Eyelashes
Farbe: Lindgrün
Aus der Kollektion Belle

SCHMUSEKATZE (Seite 153)

Vorderseite:
AB03 Seeds
Farbe: Royal
Aus der Kollektion Belle

Rückseite/Streifen:
AB07 Coriander
Farbe: Elfenbein
Aus der Kollektion Belle

Streifen/Pfoten:
AB05 Oxford Stripe
Farbe: Lindgrün
Aus der Kollektion Belle

WEICHE SCHUHE (Seite 72)

Außenstoff:
AB03 Seeds
Farbe: Oliv
Aus der Kollektion Belle

Futter:
AB07 Coriander
Farbe: Lehm
Aus der Kollektion Belle

WICKELTASCHE UND WICKELUNTERLAGE
(Seite 101)

Außenstoff Tasche und Wickelunterlage:
AB17 Wallflower
Farbe: Apricot
Aus der Kollektion Lotus

Futter:
AB15 Water Lily
Farbe: Lehm
Aus der Kollektion Lotus

Rückseite Wickelunterlage:
passender, einfarbiger Frottee

WICKELTISCH-AUFLAGE
(Seite 128)

Auflage:
AB22 Oxford Stripe
Farbe: Grün
Aus der Kollektion Lotus
(mit passendem, einfarbigem Flanell)

ZWEI SÜSSE MÜTZEN
(Seite 65)

SCHMETTERLING

Außenstoff:
AB12 Star Paisley
Farbe: Lindgrün
Aus der Kollektion Lotus

Futter:
AB15 Water Lily
Farbe: Grün
Aus der Kollektion Lotus

Schmetterling:
AB13 Full Moon Polka Dot
Farbe: Kamel
Aus der Kollektion Lotus
(mit passendem Unistoff)

ARMY-STIL

Außenstoff:
Unistoff

Futter:
AB13 Full Moon Polka Dot
Farbe: Lindgrün
Aus der Kollektion Lotus

Adressen

STOFFE UND KURZWAREN

Nähen liegt wieder im Trend, darum wächst die Zahl der Stoffgeschäfte und auch das Angebot vieler Kaufhäuser kann sich sehen lassen. Für viele der Projekte in diesem Buch müssen Sie nicht unbedingt Bekleidungsstoffe verwenden. Auch ein Besuch beim Raumausstatter, der Dekostoffe, Vorhangstoffe und Möbelbezugsstoffe anbietet, kann sich lohnen. Und da für einige Projekte nur recht wenig Stoff benötigt wird, scheuen Sie sich nicht, auch einmal in der Restekiste zu stöbern.

Bezugsquellen für Originalstoffe von Amy Butler finden Sie unter
www.amybutlerdesign.com.
www.rhinetex.com
Auch in Deutschland werden diese Stoffe angeboten, z. B. bei
www.quiltzauberei.de
www.charlottas.de
www.dawanda.com/shop/farbstoff

WEITERE BEZUGSQUELLEN FÜR STOFFE

www.twinsgarden.de
(Stoffe von zeitgenössischen Textildesignerinnen)
www.basar-afrika.de
(Stoffe aus Afrika, Bali, Amerika)
www.roomzone.de
(Stoffe im Stil der 1970er Jahre)
www.volksfaden.de
(Stoffe, Schnittmuster)
www.stoffekontor.de
(Stoffe, Nähzubehör, Bücher und mehr)
www.tuchfuehlung.net
www.stoffe-zanderino.de
www.stoff4you.de
www.stoffcorner.com
www.fadenversand.de
www.funfabric.com

EINLAGEN, VLIESE, FÜLLMATERIALIEN UND MEHR

www.quiltzauberei.de
www.suesquiltshop.de
www.quiltundtextilkunst.de
www.kunstundmarkt.com
www.stickprofi.de
www.vlieseline.de
(ausführliche Produktinformationen und Händlersuche auf der Website)
www.cotton-color.com

BORTEN, SPITZEN, PAILLETTEN UND MEHR

www.gewandundtand.de
www.dsversand.de
www.frautulpe.de
www.goerlach-gmbh.de
www.everglaze.de
www.perlentruhe.de
www.gluecksfieber.de
www.paillettenshop.de
www.stoffexpress.de
www.dawanda.de/handarbeitsbedarf
(viele Bezugsquellen für Stoffe, Kurzwaren, Perlen, Knöpfe und anderes Zubehör)

ZUM NACHSCHLAGEN

www.vernaehtundzugestrickt.de
(Glossar mit rund 380 Fachbegriffen, Tutorials und anderen interessanten Informationen)

VON DER AUTORIN EMPFOHLENE WEBSITES IN ENGLISCHER SPRACHE

www.craftster.org
www.craftzine.com
www.decor8.blog.com
www.dioramarama.com
www.getcrafty.com
www.heatherbailey.typepad.com
www.purlbee.com
www.quiltersbuzz.com
www.stacysews.com
www.worstedwitch.com

Register

KURSIV GEDRUCKTE SEITENZAHLEN VERWEISEN AUF FOTOS.